學佛群疑

圣严法师 著

华文出版社
SINO-CULTURE PRESS

图书在版编目（CIP）数据

学佛群疑/圣严法师著.
—北京：华文出版社，2015.12
ISBN 978-7-5075-4395-7

Ⅰ.①学… Ⅱ.①圣… Ⅲ.①佛教-通俗读物 Ⅳ.①B94-49

中国版本图书馆 CIP 数据核字（2015）第 176009 号

学佛群疑

作　　者：圣严法师
责任编辑：杨　宁
出版发行：华文出版社
社　　址：北京市西城区广安门外大街 305 号 8 区 2 号楼
邮政编码：100055
投稿信箱：kaiyu118@163.com
电　　话：总编室 010-58336239　责任编辑 010-58336258
发行部 010-58336270
经　　销：新华书店
印　　刷：北京龙跃印务有限公司
开　　本：710×1000 1/16
印　　张：17.25
字　　数：158 千
版　　次：2015 年 12 月第 1 版
印　　次：2015 年 12 月第 1 次印刷
标准书号：ISBN 978-7-5075-4395-7
定　　价：30.00 元

自　序

从体裁、目的与对象而言，这本《学佛群疑》是我在1963～1964年间所写《正信的佛教》的第二册。因为自从1976年之后，该书即受到海内外的普遍欢迎。许多读过该书的人，不断地向我建议，盼我继续再写一本类似而探讨层面更广的书。我也觉得有此必要，经常希望静下心来，拟出一百个题目，写上十万个字，疏解、说明类似《正信的佛教》所解答而未曾解决的问题。由于事情太多，时间太少，加上多年来身体多病，所以未能如愿。

到了1987年春，有一位张鸣居士，每几个月都要付印《正信的佛教》一千及至五千册，分送结缘，同时也一再地敦请，要我赶快再写另一本《正信的佛教》。我却对他说："我的体力不济，头脑迟钝，想不出问题，最好你能想出一百个题目让我解答。"我的本意，以为就此可以不了了之。想不到十天之后，他送来了几百个问题，写成厚厚的一叠。据说是向他信佛学佛的亲戚朋友们采访搜集而来的。如果照他所提出的问题作答，每题大概只要用三五句话或十来句话就可答完，那样的问答，可读性不会太高，所以我还是不想提笔。

过了一个多月，张居士又来问我："怎么还没看到问题的解答在《人生》刊出?"我说："我正在考虑采取怎样的方式解答。"因此，我把那一大堆的问题交给当时《人生》的主编，要他把问题分类集合成一个个的主题，一共理出了三十多条，同时他帮忙想出了十多条，而我自己也逐渐地发现了二十多条，这就是本书的内容。

本书多半是由我利用若干时日的晨课之余，一边口述，一边由弟子笔录。其中有一部分是在纽约，由一位正在电台服务的叶沄小姐笔录，仅有少数几篇由我亲自执笔，故也断断续续地经过了一年半的时间。在用字遣词方面，可能不甚统一，现在借此汇辑成书的机会，仔细地重读了两遍，适度地予以润饰、补充、修正。

本书的内容，既是知识学问的，更是生活和实用的。依据基本经论的观点，运用浅易通俗的文字，解答人人都想知道的实际问题。

释圣严

1988 年 10 月 6 日序于台北北投农禅寺

目　录

1

信仰佛教一定要皈依三宝吗?

是的，信仰佛教和鬼神崇拜的民间信仰很不相同，信仰佛教必须三宝具足。所谓三宝指的是佛、法、僧。之所以称为宝，是因为取之不尽，用之不竭，一旦接受，永远常随，水火不能毁，盗贼不能夺，受用无尽，非世间诸宝所能比。

佛宝是指已修行而至福德、智慧圆满究竟的人。任何众生都有成佛的可能，所以，过去、未来、现在的三世十方诸佛，都是我们皈敬的对象。但在我们这个世界的历史人物之中，成佛的尚只有释迦牟尼一人。

所谓法宝是指修行成佛的方法和道理，而我们所知的法宝是释迦牟尼所说的，因此称他为“本师释迦牟尼佛”。现在所见的法宝是指经、律、论的三藏教典以及祖师们的批注、语录，是指导我们如何修行而且必须修行的依准。

所谓僧宝是指正在修学佛法，并且协助他人修学佛法、护持众生修学佛法的人，是包括菩萨、罗汉以及凡夫僧尼。可是圣僧的菩萨与罗汉，凡夫见到也不认识；凡夫所接触的，多半是凡夫僧，因此，僧宝以人间的比丘、比丘尼为僧宝的中心。

僧宝是老师，法宝是教材，佛宝是发明及发现教材的过来人。唯有三宝齐备，才是完整的佛教，否则仅信三宝之中的佛宝，那和盲目地迷信神鬼无异；仅信三宝中的法宝，则和一般的学者研究学问无异；仅信僧宝，则和普通人认干爹、拜干娘相似，那就不是佛教。

所以皈依三宝，相当于学生到学校注册，是信佛学佛的开始。唯有注册之后，有了学籍，自己才承认是学校的学生，学校也接受你的上课；学生上课是义务，学校授课是责任。所以，皈依的仪式非常重要；又像夫妇结婚，官员就职，党员入党，都要经过宣誓和监督等行为，这表示慎重和肯定。

如果不经过皈依三宝的仪式，当然也可以学佛，佛教不会把未皈依三宝的人指为魔鬼；但是未经皈依三宝仪式的人，在心理上，必定有所推托、踌躇、迟疑，遇到紧要关头，他们会说："我还不是佛教徒，我还不需要遵照佛教的戒律来做。"比如：懈怠、放逸、邪淫、妄语、顺手牵羊等恶业和恶习，他们会原谅自己，更不会防患于未然。如果皈依三宝，自己会作自我的约束、警惕和警策，也会受到同修及师僧等善知识的鼓励、督促、规劝，所以，在人格的升华、道心的增长、修持的努力等各方面都会进入正轨和常轨。

请读者不要以为皈依不重要，或者误会尚未懂得佛法和修持，就不够资格皈依三宝。其实正因为你尚未修行，不会修行，不懂佛法，而已经知道佛法可信、可学，那就应该赶快先来皈依三宝。认为自己尚不足以做一个佛教徒的人，更需要现在皈依；皈依之后，不论在心态、生活、习惯等方面，都有善友、诸佛菩萨、护法龙天来协助你、加持你，所以意志力薄弱、信心不足的人皈依三宝，就会增强你的意志，增加你的信心。

2

一定要看破红尘之后才能学佛吗?

这是一个似是而非的问题。“红尘”二字并不是佛学的名词，实出于中国文学的词汇。它的意思是形容飞扬的尘埃，或是繁华的生活景象。

东汉班固的《西度赋》，有“阗城溢郭，旁流百尘，红尘四合，烟云相连”。这是形容西度长安，人多、事多、钱多，豪华热闹。在卢照邻的诗《长安古意》中，有“弱柳青槐拂地垂，佳期红尘暗天起”。宋朝程颢的《秋月》诗中有“隔断红尘三十里，白云红叶两悠悠”。在曹雪芹的《红楼梦》第一回中也说“有城回阊门，最是红尘中，一二等富贵风流之地”。可见“红尘”二字都是指世俗的、官场的、富贵人间的繁华景象。

“看破红尘”这句话亦非佛家所用，而是中国古来的文学家，受到道家自然无为的影响，以及后来隐遁之士厌倦官场虚幻的富贵生涯，向往山林的田园生活，而经常使用的词汇。所以，看破红尘就是从烟云似的繁华生活隐退到自由、简朴、自然的林野或山野生活环境中。

佛教在中国常常受到误会，一般人常把逃避现实、隐遁于山林的风气和现象，归于佛教的信仰以及学佛的结果。其实佛法中，不讲红尘，也没有讲看破红尘，只有讲到与眼、耳、鼻、舌、身、意六根相对的色、声、香、味、触、法等六尘。六尘是外境，六根是内境，必须加上眼、耳、鼻、舌、身、意的六识，才能产生身心现象。心为外境所转，也就是被六尘所动，就会以六根造作善恶、好坏等行为，佛法称此为造业。其可以造恶业，也可以造善业。造恶业下堕地狱、饿鬼、畜生的三恶道；造善业则还生为人，或生天界，享受人天的福报。但是不论下堕或上升，都是在世间的轮回生死苦海之中。欲解脱，则必须认识六尘是虚幻的、不实的、多变的。《金刚经》把它形容为如梦、如幻、如泡、如影。能够彻悟六尘世界的虚幻不实，当下就是解脱自在。若身心处于六尘世间，而不为六尘世间所困扰、诱惑，就不会起烦恼，称为解脱之人。

可见，佛法所谓的六尘，是指身心所处的环境。繁华的富贵生涯，固然是属于六尘，隐退的自然生涯，也没有离开六尘，因此，禅宗有言“大隐隐于市廛，小隐隐于山林”。这也就是说，心有所执，身有所系，不管生活在什么环境，都不自在。山野的狂风、暴雨、恶兽、猛禽、毒虫，或所谓穷山、恶水、泼妇、刁民，都会引起你的烦恼；如果心无罣碍，处于皇宫、华厦和居于洞窟、茅舍是一样的，何必要去分别。

通常都说看破红尘就是落发为僧，那可能是指仕途失意、事业失败、婚姻离散、家庭破碎，已经没有东山再起的信心和勇气。在穷途末路，心灰意冷之余，就到佛门中找一条苟安偷生之路，所谓：伴着青磬红鱼，了此残生。这景象是非常消极、悲观，甚至悲惨的！佛门中的确有这种人，但这绝对不是进入佛门学佛者的通途和正途。

进入佛门，成为佛教徒，也并不等于出家。佛教徒分为在家与出家两大类，出家只是少数，在家才是佛教徒的多数。出家是全部生命的投入，所谓将此身心施予三宝和施予众生：施予三宝是为求法，施予众生是为度众；施予三宝乃为弘扬佛法、续佛慧命，施予众生则可摄化、救济苦海的众生。能够难舍能舍，难忍能忍，才是出家的正确目的。从难舍能舍而言，是放下名利、物欲；就难忍能忍而言，是承担如来的家业和众生的苦难，故所谓看破红尘实与出家的宗旨无关。

至于出家学佛，可以包括社会的一切阶层，且绝不为逃避现实，乃在和睦人间、净化人间，也就是佛化人间。如果学佛之后要离开人间，离群索居，那就违背了佛化人间的旨趣。在家学佛，在五戒、十善的生活原则下，对于家庭、社会、国家都应尽责尽分。所以学佛之后的在家人，会更积极于人间的生活以及分内的责任。这也就是大乘佛教将菩萨的形相分为出家、在家两类的原因；出家菩萨是无牵无挂的比丘相，在家菩萨是福德庄严的天人相。

如果以看破红尘的本意而言，是属于消极的，而学佛却是积极的。我们可以把人间的生活形态和心态，分为三类：第一类，绝对的多数是属于恋世型的。对于任何事物都放不下，争名夺利、饮食男女、醉生梦死，苦恼终生而不知生为何来，死向何去。活着的时候放不下，要死的时候舍不得，所以佛称他们为可怜悯者。第二类人是厌世者。他们或是愤世嫉俗，或怀才不遇；或是消极、悲观，对于生命抱着无可奈何的态度。因此，前者会变成玩世不恭，或退出人间社会的大舞台，而过隐遁的生活；后者若不自杀而死，也会逃避现实，抑郁以终。第三类，是属于放得下、提得起的人。他们见到人间的疾苦，世事的危脆，以悲天悯人的怀抱，拯救世间众生于水深火热之中，即使跋山涉水，乃至于赴汤蹈火，亦在所不辞。这就是被后世称为贤者和圣人的型范。

以佛教的观点看，第一类人是凡夫根性；第二类人，类似小乘根性；第三类人，类似大乘根性。不过，若以佛法化导，第一类人虽是凡夫，也能够渐渐获得智慧，洞察世间现象，为人们减少烦恼，为社会减少灾难。第二类的小乘根性，则至少不会愤世嫉俗，或者寻短自杀，而会积极修行，早求出离生死苦海。进而也能为人间留下自我奋发、自我救济的模范和典型。第三类大乘根性者，则能由于佛法的化导，而赋予无限的生命、无穷的悲愿，生生世世发菩提心，行菩萨道，佛化人间，成就佛国净土；不仅度人，也要度尽一切众生。他们不会因阻挠而失望，也不会因便利而狂热；时时努力于因缘的促成，默默地耕耘，成功不必在我，却永远精进不懈，像这样的学佛态度，当然与看破红尘的观念了不相关。

3
学佛也需要知识和学问吗？

这问题相当含糊，易于混淆。

首先，我们肯定孔子所说的："民可使由之，不可使知之。"意思是一般大众，懂得越少，就越能专心一意地照着老师所教的简单方法，一门深入，专精修行，并获得益处。所以，知识程度低的人，甚至没有读过书的文盲，并非就不能得到佛法的大受用，例如六祖惠能，传说中他是没有读过书的砍柴人，最后却成了中国禅宗史上的第六代祖师。

不过据《六祖坛经》的内容和学者们的考察看来，惠能大师虽不是一位学者，若说他目不识丁，则不可能。因此，在中国佛教史上，传说中的文盲而能成为佛教祖师，并对佛教有广大而深远影响的人，尚无第二者。从印度佛教的释迦世尊开始，传承以至中国的历代祖师，都是博通五明、内外学问的知识分子和大学问家。

上上等人，不需教育，不需文化，而是自然天成，一通百通。他们能够掌握根本的理，以贯通全体的事，不是从琐碎的万事万物各别认知中见其统一的理，正如《永嘉大师证道歌》所说："摘叶寻枝我不能"及"入海算沙徒自困"，那是一了百了，不需琐碎的意思。学法是明理而穷本，学佛是见性而成佛，当然不需知识和学问。可是见性和悟后，为了利益众生的方便，必须通达经教，充实知识，作为利生的工具。

中上等人及中下等人，必须依据经教，参访明师，才有修行的依准和学习的方向，否则，便会成为盲修瞎炼。在未见明师之前，或者见到了明师之后，都需要经教的根据，才能够抉择明师之真假。如果顺乎经教，深入法理，洞明法义，那是真的明师。如仅以自我的臆测和修持中的感应、经验来自由地解释经教而毁谤正统历代诸大祖师及三宝的人，即为邪师而非明师。

所以，若有人还不知如何选择明师的话，应先深入经教，确认佛法，再去访求明师，作画龙点睛式的帮助。假使千万疑问能在一语之下彻底点破，那就是你的明师。如果一无所知，而去参访明师，就你而言，他还是一位普通的凡人；若是已深通经教，纵然踏破铁鞋，访遍天下，未见明师，也不会误入歧途；并且既已掌握方向，便只是需要层层剥落心中的块垒，虽无法一时将无明的黑漆桶顿时兜底打通，比较起来，还是安全的。

修念佛法门的人，如果没有时间或环境不许可，当然，只要抱定一句“南无阿弥陀佛”的六字洪名就够了。但是历代弘扬净土的祖师，像庐山的慧远，以及北魏的昙鸾、唐代的道绰、善导、迦才，到明末的莲池、蕅益，以及民初的印光等诸大师，都是通达儒、释、道三教的饱学之士，也都是佛教史上的大思想家，怎么能说念佛不需要经教呢？不通法义而仅念佛，怎么知道念佛可以往生净土？所谓净土又有几种呢？虽然下下等人，不知发问，只知照着去做；但是能够发问，而且经常需要帮助人家学佛、信佛、念佛的人，如果也是对于经教法义一无所知，怎么能够产生劝化的力量？否则，就是以盲引盲，盲修瞎炼，邪正不分，心态不明，目的不纯，怎么能够自利利他，达到往生净土的目的呢？

不错，人在正当用功之时，不论参禅、念佛、修显、修密，都要求心无二用，不得一边修行，一边思考经教，或以经教的内容、法义来时时对照自己修行的情况，那是种扰乱，是修行的大障。但在修行之前的认清指标及修行以后的印证情况和指导后学，经教的研读却是不可或缺的。

4

在家信佛有禁忌吗?

民间通俗的信仰，有很多的禁忌，但那并不是正信的佛教，却被误认为是佛教的禁忌。如香炉里面残余的香棒，不可以每天清理，结果弄成脏乱和容易引起燃烧的危险。其实，我们寺院每一尊佛前的每一个香炉，在每天的清晨都必须清理收拾，经常保持像第一次烧过香的香炉一样清洁。

在家的女信徒，在生理期间，不敢进入寺院礼拜，甚至不敢到佛前上香、诵经、打坐、念佛，其实这是低级鬼神的禁忌。因为鬼神怕见血污，所以容易见血发嗔。鬼神嗜血食，见血起贪，可是生理的经血，不是鲜血，因此而有被侮辱和作弄的反应。所以，生理期的女性，进入神鬼的宗祠、庙宇、殿堂，可能引起不良的后果。至于佛教的沙弥尼、比丘尼，以及近住优婆夷，都是生活于寺院，每天与经像、法物为伴的女性修行人，从未有由于生理期间，发生所谓冲克的问题而带来灾难的。

在家供佛，设立佛坛，通常都先请人为佛菩萨圣像开光，同时要选择日期，勘定方位，这也是属于民间信仰或民间风俗的一种。以入乡随俗的观点而言，这无可厚非，开光表示慎重，择定日期和方位，表示祈求吉祥。但是从佛教的观点而言，诸佛菩萨无处不在，无处不应，一切方位有十方诸佛、十方三宝、护法龙天，当然没有民间信仰中所想象的那些问题。只要自己认为是最尊贵的位子，以最虔敬的心情和最适当的时间来为佛像安位就好。

有人认为某些经咒，在家人不可念，或者某一时辰不可以念某些经咒。其实，凡是经咒都要以恭敬心，于清净处来持诵，最好先洗手、漱口，并在佛前焚香、礼拜；但没有一定说在家人不可以念什么经或持什么咒，除了密宗的特定法门之外。

家里有人信佛，但也有人信神，是否可将不同的神佛在同案供奉？这应该没有问题，佛在中间，菩萨供在两边，诸神供于菩萨的外侧，作为三宝的外护，也让诸神亲近三宝，修学佛法，种成佛因。如果取得家人的同意，在改信佛教之后，可对原有的神像焚香、供养、祷告，然后收藏起来，以免供的偶像太多，形成杂乱。

香灰及损坏的经像、法物，有许多人不知道如何处理，甚至于送到寺院。其实，只要选择清净的空地和焚化的容器，用火焚化之后，埋入地下即可。若是金属制品，则收藏起来，过了若干时日，就可作为古董或破旧物处理。

佛前鲜花、水果、食物、茶水等供品，属于消耗品，必须每日更换。如果尚是可用可食，应该移作他用，或是家人食用，不得抛弃；如果腐烂、败坏，则做垃圾处理。至于供品的单数或双数，没有限制，以对称的美观而言是双数，如限于物力、财力、位置及场地的关系，单数也没什么不可。至于品类、质料是以个人的财力可能负担的范围为原则，不敷衍也不铺张。

在家修行的时间，以早上、晚上为宜，身心清净轻松，才能专注、虔诚。如果由于工作性质的原因，当然也可以选定不同的时间。

最好卧室不设佛像，床上不要打坐、拜佛、诵经。如果只有一个房间，最好平常将佛像用布遮盖，礼拜之时，要把床铺整理整齐、清洁，再揭开佛像。如果除了床铺没有任何位置，坐在床上，也可以作为修行场所。总之，是以恭敬、清净心来做到肃穆、庄严的程度为原则。

皈依三宝之后，对于其他宗教，以及民间信仰的寺庙、道场，不得再受皈依，但仍予以尊敬。若进入教堂、寺庙、神坛，当以鞠躬合掌问讯为礼。不得作为信仰的对象，但还是可以作为友谊的联系。在对于佛法未有确实的认识之前，不可以阅读外道的书刊，否则会造成方向的误导。

5

学佛是否必须放弃现有生活的享受?

不一定，要看情形。无目的的享受，应该放弃；有理由的享受，必须维持。

佛要金装，是装给众生看的；人要衣装，是装给一定的社会层次的人看的。享受的本身是代表人的身份、地位和立场。在需要威仪、礼节的场合和环境，如物质条件许可的情况下，享受是一种礼貌、隆重的表示。可是在物质条件贫乏、自己经济能力薄弱、社会环境恶劣的情况下，纵然自己有此能力和物力，也当舍去所有的享受和大众共渡难关，例如近代的印度甘地就是如此。

今日的社会，为了礼貌或安全的理由，在某些场合、某些环境或者会见某一些人，必须衣冠整齐，必须乘用私家汽车。日间有日间的礼服，晚间有晚间的礼服，在日本及欧美地区，参加丧礼有一定形式和颜色的礼服。参加婚礼以及各种正式的集会，也不得穿着工作服、睡服和居家的便服，这些都不该算是享受。

佛法重视因果，今生的福报是由于过去世的布施而来。享受福报，犹如向银行提用存款，提用越多，存款越少，终有提空之时；今生享受越多，福报所剩越少，终有用毕之日。应该一方面继续修福，同时也要惜福，才能达到福德圆满的程度；否则，纵然有福，也有所不足。

因此，从原始的佛教开始，就主张比丘要身无长物：一则是为戒贪，二则是为惜福，三则是为减少对身体的执着。出家众固然如此，在家众亦复如此。

出家沙弥就要遵守不着香花鬘、不香油涂身、不歌舞娼妓、不故往观听、不坐卧高广大床、不戴首饰，不蓄银钱、宝物等戒律。在家众如果能够做得到，除了银钱必须使用之外，其他也应遵守；如果不能遵守，希望在一个月的六天之中，受持所谓六斋日，来比照出家的生活而行，目的就是在于惜福而放弃享受。此所谓享受的内容，应该包括吃的、用的、住的、坐的、睡的、身上戴的和各种娱乐设施。这便是节流更重于开源，布施是为福报开源，放弃享受是为福报节流。

可是，释迦世尊的身相，就有三十二种大人相，是一种福德、庄严、智慧相。传说释迦世尊也接受金缕袈裟的布施供养，也受给孤独长者以黄金铺地，买下了祇园精舍而供养佛陀。当时的福德长者们供佛斋僧时，都用上好美味的饮食，并且庄严、修饰精舍和供佛斋僧的场所。许多有名的说法之处，后来都成为佛教史上著名的庭园和花园。

从佛经里面所见到的佛国净土，例如：西方的弥陀净土以及《华严经》的弥勒楼阁和善财童子五十三参所见的诸大菩萨的宫殿，都是金碧辉煌，极庄严之能事，那也就是大福德者，福德与他们的生活同在，而以他们财富表现出来。好像贫贱的人身相丑陋、皮肤粗糙，富贵的人身相庄严、皮肤润滑，这是他们与生俱来的福报，与放弃享受或贪图享受无关。

我们所说的享受，应该是指贪图个人的口腹之欲，饮食山珍海味等稀有食品，不为请客，也不为礼节，只为了表现一己的富有。或为使得他人羡慕、注目而蓄意的打扮、化妆、穿着，以满足自己的虚荣。或者为了官能的享受、刺激，而去歌榭、舞厅、妓院等声色犬马的所谓游艺场所，纵情放逸、挥金如土，这些行为当然是学佛者应该放弃的。

6
什么是佛教徒的饮食观?

佛教出现于印度的时候，佛教徒并没有特殊的饮食习惯和规定。因为印度是一个宗教信仰普遍的国家，凡是有宗教信仰的人，一定有大同小异的饮食观念。所以，原始时代的佛教徒乃至出家的比丘、比丘尼，过的是沿门托钵，所谓“一钵千家饭”的饮食生活；他们不选择托钵的对象，也没有所谓洁净或不洁净、神圣或不神圣的饮食禁忌，为的是一律平等、广结善缘。相沿迄今，斯里兰卡、缅甸、泰国等上座部的佛教区域，还保留着当时的古风，也就是供养者供养什么就接受什么，没有选择、挑剔的余地。只要不是特为某一些托钵者而杀，纵然鱼肉等食物，也不拒绝，这就是为什么小乘佛教不规定必须素食的原因。

素食是佛教所强调和鼓励的，如果能够办到的话，这是基于慈悲的立场，不是现代人为了健康和经济的原因。事实上，肉食既伤慈悲，也的确有损健康，所以，大乘经典如《梵网经》《楞严经》等都强调素食，严禁肉食。

至于荤腥，应有分别，所谓“荤菜”，是指具有恶臭味的蔬类，例如大蒜、葱、韭菜、小蒜等。《楞严经》说：“荤菜生食生嗔，熟食助淫。”在比丘戒律里面则规定：“吃了荤菜要单独住，或者距离他人数步以外，并位于他人下风而坐，或者必须漱口至没有恶臭为止。”这主要是为了不扰乱大众，所以，不得食荤。并且在诵经之前，为了不使听经的鬼神发嗔和起贪，最好不吃荤菜。所谓“腥”就是指肉食。辣椒、胡椒、五香、八角、香椿、茴香、桂皮等都算是香料，不算荤菜，不在戒律所限。

至于不得饮酒，在印度乃是佛教徒的特色，其他宗教不仅不戒酒，甚至认为酒能通神。本来酿酒不须杀生，并且可以成为药物之一种，不应列为宗教的禁忌。但因为佛教重视智慧，若多饮酒容易乱性，而饮酒之后还能够自制而不致昏乱的人不多。所以，为了保持经常清醒，利于精进的修行，特别是为了达成修定的目的，必须戒酒。至于一般大众，若据孔子所说的“饮不及乱”，无伤大雅。所以若受五戒而不能戒酒，也可以舍掉酒戒或不受此一酒戒，还不失为三宝弟子。

若将酒当作菜的佐料，如已没有酒味，失去醉人的力量，应该不在酒戒之限。当在必须用酒的场合，以醋代理，例如以醋代替烹饪的佐料，因为此时的醋已无酒性。

如果进入荤菜馆或居家时家人之中有人吃素，也有人吃荤，能够使用荤素两种不同炊具和餐具，是最为理想的。因为荤素的气味不同，对于饮食者的感受也不一样，为了习惯上的理由，保持清净是必要的。可是禅宗的六祖惠能大师，在开悟传法之后，隐于猎人队伍之时，仅吃肉边菜，而避菜边肉。不吃肉是为了慈悲众生，还吃菜是为必须生存，因此在生活条件无法强求的条件下，用肉食的炊具来煮素食，那也不是不能接受的事。

对于烟、麻醉品的观念，在佛制的戒律，可因病而由医生处方使用。不仅是烟，乃至于酒，在不得不用的情况下，不算犯戒。当然，不能假借治病而贪口腹之欲去吸饮烟酒和麻醉品。

抽烟是为防止瘴气，在瘴疠发生和弥漫的地区，出家人可以适量地吸烟，否则，为了威仪，应该戒除。若是为了刺激、嗜好、无聊等原因而抽烟，那就不为佛戒所许。

在南方热带地区，嚼槟榔也是为了防止呼吸器官感染疾病，但是在不为治病的情况下，那就成了有失威仪和损伤形象的一种恶习。

烟、槟榔都非饮食中的必需品，对人体少用是为了治病，多用则有害无益。例如：酒精过量者中毒；烟的尼古丁则伤肺损气并为致癌的原因；槟榔的液汁，有损牙齿的健康，令珐琅质受到腐蚀，佛教徒能够不用最好不用。

至于蛋类，应该是属于腥类，因为它可以孵成为雏，而且它的味道，就是腥味，如果持素清净的人，最好不吃。虽然现在养鸡场所产的鸡蛋，是无性的，在消费市场所买到的都是属于无生命的，但它显然并非植物。若从杀生的立场，吃无性卵，不算犯戒，也无损于慈悲，若以素食的习惯而言，便应当避免了。

关于乳制品，不属于肉食，也不属于腥食，因为牛羊吃草及五谷，所产的乳汁也不含腥味。饮乳既未杀生，也不妨碍牛犊、羔羊的饲育，而且是由人来饲养、控制乳量的生产，不会影响雏儿的生长与发育。所以，在佛的时代，普遍饮用牛乳，而且将乳制品分为乳、酪、生酥、熟酥、醍醐等五类，是日常的食品，也是必需的营养品，不在禁戒之列。

而目前由于对乳量需求大，遂产生畜牧业密集式生产采乳，忽略动物本身的生理条件，有不少保护动物的团体抗议饮用乳制品。所以基于佛教护生慈悲立场，在购买乳制品时，应当考虑乳品来源及其畜牧方式是否合乎自然方式畜养。

7

杀生的定义和范围是什么?

原则上说，不杀生戒的重心在不杀人，所以，杀人是重罪，杀其他动物是轻罪。众生固然一律平等，但唯有人类能够造恶业（或称为黑业），而堕为鬼道或下地狱；也能修善业（或称为白业），而升天堂、出三界乃至于成佛。其他众生，除极少的特殊例子之外，既不知善，也不知恶为何事，只有随业受报的自然行为，而没有心意的造作在内。所以，人是道器，只有人能修道，并能弘道，因此，戒杀是以不杀人为根本。

杀人必须具备三个条件：1. 知是人；2. 预谋而有杀念；3. 杀死，否则，叫作伤害或过失，不成杀人罪。至于人，是不论年龄、贵贱，不论成形或未成形，有知或无知，凡被肯定是人者，皆不可杀。所以，不得堕胎，也不得以安乐死的名目来处理自己求死的人或植物人，否则，就是杀人罪。

此点请参考《正信的佛教》和《人生》第三十六期的社论。

迄目前为止，医疗界呼吁人体器官的捐赠和移植，比如眼角膜、肾脏以及其他脏器的捐赠，是将没有使用能力的人体，局部令其复活，这是值得鼓励的事。如果在生前捐赠，当然已经获得捐赠人的同意，纵然在死后移植，也必须预先取得死亡者生前的首肯，否则亡者对于遗体尚有一分贪恋和执着，便会引起他的嗔恨及怨怒，甚至影响他的转生善道或往生净土的去向。

自然死亡的人，通常于十二小时之内，神识未离，尚有部分知觉。从医学上判断已经死亡的人，从佛学的观点看，未必就已真正死亡；但如果立下遗嘱，捐赠器官，为了挽救另一人或数人的生命，这是舍身救人的菩萨行，因此，若生前确立有遗愿，移植人体器官当不成问题。

在我们的日常生活中，为了维持环境卫生的原因，必须处理蟑螂、苍蝇、蚂蚁、蚊子，乃至于老鼠等问题，这在佛世已有成例。当比丘们的浴室、浴池由于多日未用，满生小虫，负责清理的比丘，不知如何处理，佛说："除尽污水，清洁浴室。"比丘说："会伤虫!"佛说："不为伤虫，是为清理浴室。"于是比丘释然。这个例子是说为了维护人类生活环境的卫生，予以清理打扫，目的不为杀伤虫类，因此，不算杀死。当然，不得用药物喷射杀虫，只能以打扫、清理、消毒的方式来防治或退治虫蚁的进入和繁殖。如果环境经常保持整齐、清洁和消毒完善的状态，纵然有虫蚁，也不会太多。

如果在耕种时，难免会伤及虫蚁，但为了我们自身的活命，不用说耕种，就是日常行走及其他劳务，也会无意杀死虫蚁。所以，只有经常多念阿弥陀佛，愿愚痴而无知的众生，于死亡之后，转生善道或超生净土，不算犯杀生戒。当然，能够小心防止，减少杀伤虫蚁的机会，是慈悲的表现。如果明知杀生而心无悔意，便是没有慈悲心。

至于毒蛇、猛兽，以及毒虫之类，是它们过去世的业力使然。它们伤人，不出于预谋，虽有恶行，没有恶心，所以，并不算造杀业，应受到人类的同情和保护。以今天人类的社会而言，不仅可以防治受其伤害，也可以划出特定的空间范围，令其生存，或做到限制它们的繁殖，不令其成为人类的灾害。此所谓宜用防治法，不宜用歼灭法，不仅培养了人类的仁慈心，也对大自然的生态尽了维护的责任。

一般初学佛的人，对众生的定义不明，而且现在更有人说，植物也有生命，植物也有感情，若说不杀生，应该既不杀动物，也不杀植物。其实生命有它的层次，植物是无情众生，动物是有情众生。所谓众生，可分作三级：1. 高级的为人类，具有三个条件：（1）有活的细胞；（2）有神经的反应；（3）有思想及记忆。2. 低级的为植物，只有活的细胞，没有神经和记忆。虽有生死的反应，没有苦乐的感觉，更没有思想及记忆，所以叫作无情。3. 中级的是动物，只有少数如狗、猴子、马、象等高等动物有若干的记忆力，但没有思想力。至于下等动物除了神经的本能反应，没有记忆和思想，然其既有神经就有痛苦，就会怕死。所以虫蚁都会自然地知道逃避死亡的危险，植物则不然。因此，杀生的界定，就是能够知生怕死的动物而不及于植物。

佛戒比丘不可砍伐草木，是因低级的鬼神，依草附木，以草木为庇护。为了慈悲鬼神，不使鬼神生嗔，故不去破坏其居处，并非为了草木不可杀的理由。

微生物如细菌，从生物学上看，它是介于植物与动物之间的生物，既没有神经更没有记忆和思想，不属于有情众生，可以说是活动的植物，所以，杀菌不是杀生。

关于水中的微生物，除了细菌之外，尚有比较高等的生物，它们虽也没有神经，但已可以算在动物之列，因此，佛世的比丘，用水需要通过滤水囊的过滤，把比较大的微小众生滤出，比较小的就不管了。这是基于慈悲的观点，不忍目见生物而不救度。如果肉眼不能见，或虽见而不能分辨是有情或无情众生，那就理会不到了。

佛教主张不杀生，主旨在于众生平等的慈悲精神，一切众生都有生存的权利和自由。我们自己怕受伤害、畏惧死亡，众生无不皆然。众生的类别虽有高低不同，但众生的生命绝没有贵贱、尊卑之分。如果人人发扬这种平等、慈悲的精神，我们的世界一定是和谐、和平、互助、互敬、互爱、融洽无间的，将没有一人会受到故意的伤害。虽然佛经中说，杀生有果报，杀人偿命，吃它半斤，还它八两，这是说明了因果不爽的事实。但是我们不必把不杀生的着眼点摆在害怕受报的观点上，果报是有的，但也并非绝对不可以改变的；养成慈悲心，才是不杀生的重点，也是佛菩萨化世的精神。

8

为何放生、如何放生?

“放生”典出于大乘佛经，盛行于中国，也流传于日本和邻近的韩国与越南等地。放生的活动是基于众生平等的慈悲精神以及轮回生死的因果观念，所谓“吃它半斤，还它八两”。如果能够既戒杀又放生，当然功德倍增，此等感应灵验的事例，史不绝书。

如1974年越南沦陷之后，向外流亡的难民一波接着一波，其遭遇有幸与不幸。有的未及逃出越南境内，又被抓了回去；有的在海上漂流，葬身鱼腹；有的虽然逃出越南，但无收容之所，甚至被遣送回去。不过，根据逃亡成功的难民所述的经验，如果达不成逃出越南的目的，可以请国外亲戚或难民自己买鸟或鱼类放生，只要一次或两次就会见效，顺利成行。

在《杂宝藏经》卷四记载：有一沙弥的师父见他七日

之内寿命将终，要沙弥返回俗家，七天之后再来，但没有说明原因。他在返家的路上，看到一处池塘缺口，池水灌入池边的蚁巢，众蚁慌张夺路逃生。但是蚂蚁逃生的速度哪有池塘决堤那么快速？眼看无数蚂蚁即将淹死，沙弥就用自己的袈裟包上土，把池塘缺口堵住，救活了所有的蚂蚁。过了七天，沙弥在俗家玩得无聊，又回到他师父跟前。师父一见，觉得惊奇，问他这几天之中究竟发生了什么事，沙弥以为师父说他犯了戒做了坏事，非常恐惧，回答说什么也没做。师父是罗汉，即用天眼观察，知他是做了一件小小的好事，那就是救起被淹的蚂蚁。后来这位沙弥转夭为寿，得以长命终老。

放生的根据，最为佛教徒所熟悉的有两部经。一是《梵网经》，其中提到："若佛子以慈心故行放生业，一切男子是我父，一切女人是我母，我生生无不从之受生。是故六道众生皆我父母，而杀而食者即杀我父母亦杀我故身。一切地水，是我先身，一切火风，是我本体，故常行放生，生生受生。若世人见杀畜生时，应方便救护解其苦难，常教化讲说菩萨戒，救度众生。"

另一部《金光明经》卷四《流水长者子品》，也提到有关释迦世尊往昔行菩萨道的一段记载：当时世尊名叫流水长者子，有一天他经过一个很大的池沼，时逢天旱，而且有人为了捕鱼，把上游悬崖处的水源堵塞，使得池中水位急速下降。长者子眼见上万大小鱼类濒临死亡边缘，又无法从其上游决堤引水，于是为了救活鱼群，不得已向当时国王请求派二十只大象，用皮囊盛水运到池中，直到池水满足，并且饲以食料，方才救活这些鱼群。

《梵网经》是放生的理论依据，《金光明经》则是开设放生池的依据，其他大乘经如《六度集经》卷三有赎鳖的放生记载，而另外玄奘三藏《大唐西域记》卷九，也讲到雁塔的故事。如传说在中印度摩揭陀国有一个小乘的寺院，住着若干小乘比丘，他们本来不禁三种净肉。所谓三种净肉，是指不见为己杀、不闻为己杀、不疑为己杀的肉类。有一天，一位比丘没有得到肉，正好有一群雁从天空飞过，他就向雁群祷告说："今日有僧缺供，大菩萨你应该知道时间了。"雁群应声自动坠地而死。比丘本来不信大乘，不相信雁是菩萨，所以用戏言来调侃大乘，想不到那一群雁就是菩萨显现而来感化他们的。小乘比丘惭愧不已，互相传告："这是菩萨，何人敢吃？从今以后，应依大乘，不再食三种净肉。"并且建塔营葬雁体。

可见，放生是从戒杀而衍生的，也可以说，戒杀的进一步必定是放生。戒杀仅是止恶，是消极的善行，放生救生才是积极的善行；如果仅仅止恶而不行善，不是大乘佛法的精神。因此在中国，从北齐萧梁以来，便提倡断肉食、不杀生，且放生的风气也从此渐渐展开，从朝廷以至民间，由僧众而至俗人，都以素食为尚。而历代政府为了表示推行仁政，年有数日也定期禁屠。而从中央以至地方，或者为了祈雨禳灾，也都有放生禁屠之举。如梁武帝就曾下诏禁止屠杀生命以祭祀宗庙；梁代慧集比丘，自燃两臂游历诸州，以乞化所得赎生放生；隋天台智顗大师发起开筑放生池，为被放的鱼类讲《金光明经》和《法华经》，又购买各类粮食饲予鱼鳖；陈宣帝时，敕国子祭酒徐孝克撰写《天台山修禅寺智顗禅师放生碑文》，这是中国有放生池及放生会记载的开始。此后由唐至宋及明，无不盛行放生。如唐肃宗时，刺史颜真卿撰有《天下放生池碑铭并序》；宋朝的遵式及知礼两位大师，也极力提倡放生。

明末莲池大师云栖袾宏是历代高僧之中提倡放生最积极的一位。他在《竹窗随笔》中有《如来不救杀业》《食肉》《斋素》等文；又在《竹窗二笔》中，写有《衣帛食肉》《戒杀延寿》《放生池》《医戒杀生》《因病食肉》等篇；在《竹窗三笔》中，也有《杀生人世大恶》《杀生非人所为》《人不宜食众生肉》等文，鼓励戒杀放生。除了素食的文字之外，他也写了《放生仪》及《戒杀放生文》，以备大众于放生时，对所用仪式有所依准。在现代人中，有弘一大师书、丰子恺画的《护生画集》计六册。另有一位蔡念生运辰居士，一生提倡戒杀放生，他编集了历代有关动物也有灵性和感应的故事，成为一书，名为《物犹如是》。

不过，现代社会科技进步，人口密度膨胀，生活空间缩小，要想求得一个绝对安全可靠的放生池和放生区域，是相当困难的。其难处除了渔、猎的网捕射杀与打捞之外，也有自然环境的限制。此外，有人基于爱心或保护自然环境的立场，劝导社会大众不要乱捕滥杀，以免破坏生物互相生克的自然协调，也是为了挽救珍稀动物濒于灭种的危机，这些跟佛教放生的本意虽相应但不相同。如果我们仅把要放生的生物无限制地流放在自然景观动物保护区，到了饱和程度，也会有人以控制繁殖和适量的捕杀等方式来调节其生活空间的。

因此，我们到哪儿放生？如果是鱼，有人用钩钓、网捞；如果是鸟，有人用枪射、网捕。而且今日的鱼市场和鸟店，所售的商品很少是野生的，多半是来自人工繁殖的鱼池和鸟园。那些动物，根本没有适应自然环境而自求生存的能力，放生，也等于杀生。放小的，被大的吃掉，放大的，就进入餐馆的厨灶。而且，鸟类和鱼类，尤其是鱼类，都有它们生存的习性。一定的鱼类必须生存于一定的水质、水深和水流的环境中，买淡水鱼放于大海，买海鱼放于淡水，都是大问题。如果是鸟园繁殖的鸟类，它们不曾在自然界觅食，便可能甚至不知草丛树林间的草种树果等也可以作为食物，如果放之于原野，不是饥饿而死就是被其他动物或鸟类捕食而亡。在这种情况下，我们是否还需要放生？是否还应该放生？

这确实是非常不幸的事实，自然环境的限制使得放生运动越来越困难。不过，放生的精义在于当下放生的念头，如希望被放的生物能够延长寿命。至于能够延长多久，我们必须尽到研究、考虑和照顾的责任。比如说，要放鸟类，就先得考虑放什么鸟、在哪儿放、什么时候放，才比较安全有效；放生鱼鳖水族，也当首先研究考察它们的生态、习性和来源，然后选择最适当的时机，放到我们觉得最安全适合的地方。如果不能求得百分之百的可靠，有百分之五十也不错，即使今天去放生，明天它们又被抓，也是无可奈何的事。

我们的目的是为启发增长放生者的慈悲心和对众生的救济心，至于被放的众生，也有它们自己的祸福因果和因缘。若在放生时，没有存心让它们重遭罗网而受刀俎之苦，且开示被放的众生，为其说三皈、讲佛法、发愿回向。它们也能从此脱离异类身，转生为人，上生天界，往生净土，发菩提心，广度众生，早成佛道。我们但求能尽心而为，尽力去做就好。

9

佛教徒应以怎样的态度来赚钱?

有人问起，做生意不能说实话，所谓老王卖瓜，自吹自夸。如果卖瓜的不说瓜甜，那就无人问津了。既然如此，佛教徒能不能做生意？做生意是否犯了妄语说谎的戒？

再有人问，学佛的人不应贪心，相反的应该布施。可是做生意赚钱是为了得到更多的利润，这岂不是跟佛理相违？

又有人问，佛教徒不可害人，如果做生意赚到钱而使他人亏本，又该如何？

也有人问，佛教徒可以从事股票投资、放利息、房地产买卖等活动吗？因为这些事都有投机性质。

更有人问，佛教徒可以做粮食饲料等的买卖吗？如果粮食饲料是被买去喂畜生，是否间接助长了他人的杀业？

是的，以上这些问题都是我们应该面对而加以检讨的。首先必须了解，在释迦牟尼佛时代的印度，人民分为四大阶级，亦即：1. 宗教师的婆罗门；2. 从事军政的刹帝力；3. 从事工商的吠舍；4. 从事杀生等贱业的首陀罗。佛陀释迦世尊除了不鼓励从事首陀罗的职业之外，其他都在容许的范围之内，而且加以赞叹，可见佛教徒从事工商业是正当的。

至于说，做生意是说谎而骗人上当的行为，是有待商榷的，因为这并不是必需的手段，而是一般人的习惯和心理所造成的。货真价实、信用可靠，是工商界应有的职业道德。也唯有信用可靠，才能够可大可久，否则为何许多商号都要以几十年以至上百年的“老店”招牌作号召？我曾经说过：“如果跟一个虔诚的基督徒做生意，不必担心他欺骗你。”相对地，身为佛教徒如果还会让人担心我们用欺骗手段以招徕顾客，这不仅不是佛教徒的正确态度，甚至连一个小商人的基本观念都尚未建立。

当然，我们知道，有些行业往往漫天要价，目的是等着顾客就地还价，但也有类似的行业却以老少无欺、不二价为号召的。我们作为佛教徒，应该带动风气，诚实无欺。也许刚开始时，生意差一些，利润少一些，日久之后，你的信誉就能为你赚钱。

一般中国人都有养儿防老、积谷防饥的心态。做生意一本万利，想当然是为了使个人生活有保障，乃至为子孙万代留下吃喝不完的余荫。但是，时代已经改变，观念已经不同。现代的大企业家，不应着眼于自利，而应贡献自己的智慧，才能为社会人类谋福利，即所谓取之于社会，用之于社会；以完成事业为目的，造福人群为理想，就没有贪心的成分在其中。至于普通人的智能体能，虽然不足以为社会大众做出多少贡献，但至少也该负担起个人的生活开销，进一步维持家庭的成员和公司的员工。这是互助，也是为了各取所需。

因此，人人必须提供自己的所能，不论是资金的、智慧的或劳力的。身为佛教徒，更不应有做生意只是求自利而置他人利益于脑后的想法。因为社会是群体的因缘所成，我们参与社会做任何事，都会跟其他人发生关系，产生互动互惠的作用。

我们应该以自利利人的存心来赚取应赚的利润，并且把赚来的钱作合理的支配，而不仅是为满足个人的物质享受和虚荣而花钱，若能如此，就不算是因贪心而赚钱了。《善生经》中说，居士的收入最好分作四份来处理：1. 家计的生活；2. 营业的资本；3. 储存在家以防意外；4. 放款生息。在两千五百年前的印度，这是非常安全而合理的分配，到今天，储存在家和存入银行生息应该合而为一。此外，也应在这四份之中，酌量取出一部分作为三种用途：1. 供养父母；2. 周济亲友和部属仆从；3. 供养三宝，作为宗教的奉献。前面的四分法是为了保障自己的生活安定，后面的三种用途则是为了孝养父母、致力于社会福利及宗教事业。

佛法说应该从事正当职业，所谓正当职业，就是指于人于己都有利而无害的行业。既然如此，怎会自己赚钱而使他人亏本？当然，当你开的店经营不善或公司亏损累累时，不免会想脱手转让。由于各人的经营观念和方式有别，社会关系也不同，知识能力也相异，因而同样的行业和生意，在不同的经营者手中就有不同的结果，如某甲会蚀本，某乙可能赚钱。

基本上，不要存着把烫手山芋丢给别人的心态去害人，而要希望他人因为承购你的原有产业而大发利市。同时，不要以为自己做不好的，别人也做不好；或者自己认为不好的，别人也认为不好。只要你对自己卖出的东西不作虚伪宣传，那么，一旦有人愿意承购，他一定会因此而得到利益。如果对方蚀本，这也不是你的存心，与你无关。总之，佛教徒做任何事业，都须以真心诚心待人，至于结果如何，不是你的责任，不必耿耿于怀。

股票和房地产买卖，是现代世界各国政府所公认的投资生意。前者是股票公司运用民间游资，透过股票市场成为企业投资的资本，是发展工商、促进社会经济繁荣的金融事业，应属正当的投资。但问题出在有些人掌握大量股票而制造股票行情，并操纵股票涨跌，这是不道德的。要操纵股票只有大资本家才能办到，一般投资人只能看行情的起伏买进卖出，故其中不免有些冒险的成分。在金融稳定的社会，操纵股票是犯法的，大企业家虽然拥有大量的股资，也不至于操纵市场制造涨落，否则会自食恶果，得不偿失。

至于房地产投资，也是正当正常的商业行为。一般人所诟病的，是指炒地皮，垄断房地产，不论购进或抛出都操纵于股掌之上，这不是正常的现象，佛教徒应该避免。若以正当的价格做合理的买卖，也是一种商业服务，没有什么不可以。

另外，就放利息而言，将钱存入银行或合作社等金融机构，也是一种投资方法。而以民间的小额存款互相周转或者集中投资于某些大企业，也是自利利他、繁荣社会经济的途径，值得鼓励。不过，若为贪取高利而放高利贷，等于火中取栗，危险性大，往往连母款也被倒掉。佛教徒不可因贪高利而放款，一则自己没有保障，二则对人剥削太多，有伤慈悲，最好不做。

至于商业的种类，古时有谓三百六十行，在现代工商业社会，可能超过三千六百行。不过，身为佛教徒有个原则，即凡是杀业、淫业、盗业、赌博和妄语，乃至于酒类等的买卖，都应避免，但是不能斩钉截铁说某种生意不能做。比如开电影院，专门放映诲淫诲盗的影片，当然不可，若是放映艺术性、教育性和娱乐性的影片，则属于正业。至于贩卖粮食，只要以所卖的终究是供人食用，或是加工后用于工业的动机即可，即使别人买去喂畜生，也是为了供给众生吃的，我们本身并未从事杀业。当然，自己如果明知饲料是供养猪场养鸡场之用，可以考虑改行或改变销售的物品。总之，佛教不鼓励杀业也不从事杀业，凡与杀业有关的，应该避免。

10

佛教徒可以有感情生活吗?

所谓感情，是指男女之间、亲子之间和朋友之间的关系，亦即爱情、亲情和友情。佛教徒仍是凡夫，不可能没有父母，也不可能没有朋友，而除了出家人之外，佛教徒也应有个人的配偶。佛把众生称为“有情”，也就是说脱离以上三种情，就不是众生。而且，学佛是由众生来学的，是由凡夫开始的，任何人之间的接触交往，都必须合情合理合法。如果佛教只讲离欲，则无法使一般人进入佛门；如果佛的教化没有感情的成分，也很难教化众生。

佛法所称的“慈悲”，似乎跟感情不同，但是慈悲的基础就是人与人之间的感情，有人称之为“爱”。爱除了分为有条件和无条件之外，也有“有我”和“无我”之别。佛菩萨的慈悲是无我的，人与人之间的爱是有我的；亲子之爱是无条件的，男女之爱和朋友之爱则可能是有条件，也可能是无条件的。佛法是要从基础的爱来引导至无我的慈悲。

由于佛菩萨可以无我，众生不可能无我，因此要教导众生从有我的爱而渐渐进入无我的慈悲；也需要先从有条件的爱，而加以净化成无条件的爱。因此，佛教不能一开始就叫人离开感情生活。

至于佛教徒应如何处理感情问题呢？家庭是感情关系的基础。家庭的基础从伦理上说是亲子之情，它的构成始于男女的夫妇关系，继而从家庭成员扩展到家庭以外的亲戚朋友。这都是因家庭的需要和社会的活动而形成友情的必要。中国有句俗谚说："在家靠父母，出外靠朋友。"又说："夫唱妇随，白首偕老。"这些都是以感性的情为基点。如果没有情，就像机器没有润滑的油，随时都可能发生故障，也很容易因摩擦而受损伤。佛法目的不外为教化世间凡夫，诱导凡夫将矛盾化为和谐。因此，佛法有两个不变的法门——智慧和慈悲，智慧是理性，慈悲是感性。以智慧来指导慈悲、运用慈悲，就可使凡夫的情感从混乱变为条理，从矛盾成为和谐。情感如果离开理性的智慧，就会泛滥成灾，自害害人。

有一部佛经，叫《六方礼经》，其中提到释迦牟尼佛时代的印度，有一种宗教信仰，教人专门拜方位。如有一次佛看到一位叫尸迦罗越的青年，正非常虔诚地礼拜六个方位，便问他拜的是什么。那位青年说不出所以然，只回答这是父亲的意思，父亲在世时拜方位，他去世之后儿子也应照着拜。佛陀告诉他，佛教也拜六方，如其以孝顺父母为东方，恭敬师长为南方，夫妇互相体谅为西方，爱护亲友为北方，体恤仆从部属为下方，尊敬出家修行人为上方，同时并说明了父母对儿女、师长对弟子、部属佣人对主人以及修道的沙门对俗人，个别所应具有的态度和责任。像这些都属于感情的范围，是人间的伦理关系。能够善于处理感情问题而过正当的感情生活，就是修行佛法的开始。

《维摩经》的《佛道品》中，记载普现色身菩萨与维摩诘的一段问话。

菩萨问维摩诘说："你有父母妻子，也有亲戚等眷属，还有部属和朋友，这不是很累赘吗?"言下之意是，你既是一位大菩萨，却又拖家带眷，怎会自在呢?维摩诘答道："我的母亲是智慧，父亲是度众生的方法，妻子是从修行得到的法喜，女儿代表慈悲心，儿子代表善心和诚实，我有家，但它代表毕竟空。我的弟子就是一切众生，我的朋友就是各种不同的修行法门，在我周围献艺的美女就是四种摄化众生的方便。"

这一品涵盖了在家人生活环境中的种种人事物，维摩诘不但不因有这些累赘而不自在，反以大智慧来运用大慈悲。他虽然过着与一般人相同的感情生活，但是自有其解脱自在的内心世界。

可见，佛教徒并不需要排斥感情生活，但看其能不能以理性来指导感性，以感性来融合理性。能够以理性的智慧来指导感性的情感，生活一定过得非常丰富、顺利、左右逢源，而且自利利他。

所谓佛法的指导和智慧的原则，是教我们如何处理感情问题，而不是要我们放弃、排斥或厌恶感情。如果用情不当，会带来困扰；用情没有节制，也会造成灾难。例如父母对子女固然要爱护，但是溺爱，反而害了子女；男女之间应该相爱，可是婚外情或婚前复杂的感情生活，不仅会惹来家变的麻烦，也会给社会制造纠纷。另外，对亲戚朋友以及师生之间、主仆之间等等关系，也都要基于理性而付出感情，否则徒生困扰。佛法，并非反对感情生活，而是要指导我们如何过合理合法的感情生活。

11

佛教徒应该如何举行丧葬仪式?

葬仪的进行，应该有诵经、念佛等佛事。但在中国现行的佛教葬仪中，出家人只管诵经，却不是葬仪的主体，因为葬仪中的家祭、公祭等仪式，均委由葬仪社派人司礼，佛事反倒成为一种点缀。

正确的佛教葬仪，除了司礼者之外，主体应该是出家的法师为亡者诵经。参与的大众，均应人手一册佛经跟着持诵。持诵的内容，最好是简短的经文及偈颂，例如《心经》《往生咒》、赞佛偈、佛号、回向偈等，不用唱，只用诵，否则，大众无法随唱而无参与感。然后由法师简单地介绍亡者的生平及其为善、利人、学佛等的功德，并做简短的开示——一则度化亡者超生净土佛国，同时安慰、启发亡者的家属、亲友。

至于家祭和公祭，最好同日举行，因为既然已经全体参与葬礼了，就没有必要另外举行，否则，除了拉长葬仪的时间外，只是显示个人和团体的突出感而已。如果要同日举行家祭或亲友、团体的公祭，则应该在正式的葬仪之前举行。佛化的葬仪应该简单、隆重，前后的时间不需超过一小时，最多一个半小时。

至于用中西乐队或仪仗等场面，都是虚荣的铺张，此举对于非佛教徒而言，也许有其慰灵的作用；对佛教徒来说，则反而会扰乱亡者一心求生佛国净土。

自古以来，佛教的丧葬并没有一定的制度。但在中国，有关死者未亡之前的弥留及命终后的沐浴、更衣、设灵位、伴灵、纳棺、出葬、埋葬、做七，乃至百日等，大致都有它固定的仪式。

依据“净土法门”，在弥留时宜有善知识——不论是在家或出家的修行者，为亡者说法、诵经、念佛，称为“助念”，一直到命终十二小时之后，移动遗体，为之沐浴、更衣，并继续以助念代替伴灵。而且，每举行一项仪式，都用佛法开示亡者，令其一心皈命佛国净土。当然，最好能有出家僧众说法开示，否则亦应以同道、同修中的长辈乃至资深的平辈为之。

对于佛教徒，遗体的处理，只有坐龛、坐缸和火葬、土葬的不同。如果遗体坐龛，则采坐龛火化，只有封龛及举火的仪式；如果遗体坐缸，则有封缸土葬的仪式；如果遗体卧棺，则有封棺的仪式。封棺以后，有土葬及火葬两种，若系火葬，则将骨灰坛置于寺院或墓场的塔中，也有将骨灰坛埋于地下墓中的。

不论是火葬或土葬，凡有仪式，均以念佛、诵经、回向代替由家属轮番举哀及哭泣、音乐等的铺张。在过去的农村社会，如果家有老人，往往会预备棺木，称为“寿材”；预备葬服，称为“寿衣”，以求福寿绵长，大吉大利。在今天工商业的社会以及都市的环境，已经不许可有这样的风俗，而事实上也没有这样做的必要。

上面已经说过，佛教的葬仪宜力求简单、隆重，且特别不允许在丧葬期间，以杀生的荤腥招待亲友，更不可以酒肉荤腥来祭祀亡者。故在吾乡江苏参加丧礼的用餐称为“吃豆腐”，那是由于纯以素食招待前来吊祭的亲友，以豆腐类的食物为主之故。灵前则以香花、蔬果、素食供养，花篮、花圈、挽幛，亦当适可而止，最好除了丧家和代表性的亲友致送数对花篮以及数幅挽联、挽额以表示悼念之外，不需要大事铺张。如果亲友致送奠仪，除了由于家属贫苦而留着丧葬费用及生活所需外，最好悉数移做供奉三宝、弘法利生及公益慈善等的用途，将此功德回向亡者，超生离苦，莲品高升。

至于父母亲过世，饮泣哀伤乃人之常情。世尊涅槃之时，除了已得解脱的大阿罗汉，弟子们无不涕泣。唯世习以哭泣表示亡者的哀荣，则属虚伪。佛教徒当以佛事代替哭泣。

那么什么时候为亡者做佛事，如何做佛事，请看下一节。

12
如何做佛事？

所谓佛事是学佛之事，弘扬佛法之事，主要对象是人。课诵、闻法、讲经、布施、持戒、修定、八正道和六波罗蜜，都是佛事。

但是在中国一般的民间生活中，并没有做佛事的观念。通常只是在亲友或眷属亡故之后，才想要为他们做一点补偿、救济性的佛事，称为超度、荐亡，而且是邀请专业的僧侣、尼师来为亡者诵经、礼忏。

做佛事的时候，亡者的家属大都是站在雇主的立场，并不直接参与，共同礼诵。甚至诵经礼忏的坛场在做佛事，他们通常也只在一旁交际应酬、谈话，乃至打麻将，而把佛事当成表示哀荣的点缀。这种情况，既对佛法不敬，也对亡者无礼，只可说是一种习俗的活动，不能称为佛事。

做佛事必须具备虔诚、恭敬、肃穆、庄严的条件，最好是亡者的家属、亲友亲自持诵、礼拜佛经、忏仪、圣号。必要时，礼请僧众作为导师，指导、带领佛事；坛场则不可嘈杂、零乱、喧哗。

佛事不是仪式，不可把佛事作为葬仪的一个节目来看。家属亲友必须尽可能地全体参加，能够跟随持诵最好，否则亦当陪伴、聆听、礼拜。依亡者亲友的虔诚、恭敬，感应诸佛菩萨，以佛法的神力及佛法的道理，给予亡者救济及开导。因为做佛事就是召请亡者临坛听法，化解烦恼的业力，而得超生离苦。如果亲友、眷属对于佛事漠不关心，既不参与，也不礼敬，对亡者的功用，纵然是有，也极其轻微。

为亡者做佛事，最好是在过世之后七七四十九天之内。通常，人在死后，若有重大的恶业，直接下堕三涂；若有众多的善业，便可立即生天；若修净业，即可往生净土。否则的话，就在四十九天之内，等待因缘成熟，随缘、随业转生。

在未转生之前，为他超度，便能转恶业的力量为善业的基础，心开意解、积习渐消，便可超生天界，乃至往生净土。如果已堕三涂，依亲友眷属做佛事的功德力量，也能减少亡者的痛苦，改善三涂的环境。如果已生天界，也能增进亡者在天上所享的福乐。如果已生净土，也能使他莲品高升。即使是在四十九天之后，还是可以做佛事，同样可使亡者得到超度与救济的力量。所不同的是，如果死者已经转生或下堕，就没有办法挽回他投生的类别。

根据《地藏经》的记载，若要超度先亡眷属，应该恭敬、供养诸佛菩萨，读诵、受持诸种佛经。如果依照《盂兰盆经》的记载，应该布施、供养出家僧众。综合而言，以亡者亲属的立场，用亡者遗留的财物，尽力布施，供养三宝，救济贫穷，利益社会，乃至等施一切众生，使之离苦得乐，都是促成亡者超生离苦，往生佛国的助缘。

在七七之内，最好从过世的那一刻起，佛号不断，是为助念。如果他在世时专修西方净土的弥陀法门，当为他专念阿弥陀佛，由数人或者一人一人地轮流助念。如果没有任何法门是亡者的专修，当然也可以阿弥陀佛圣号为其助念。假如生前已有专修的法门，例如常诵某一部经或常持某一尊佛菩萨的圣号，最好是以他所修的法门为其持诵回向。

以中国的习惯，能够在四十九天每天做佛事，当然最好，否则死后的头七天或三天，乃至仅仅一天，或者每逢七期的那一天做佛事，都是好的。这要看亡者家属的人力和物力的条件，可有伸缩增减。万一人力、物力均不许可礼请僧尼做佛事，就算只有家属一人，也应该为其诵经，若不会诵经，至少也会为亡者念佛才对。至于焚烧竹扎纸糊的房屋、家具、交通工具等冥器以及经咒、纸钱、银箔，乃至生前的衣物，都是民间信仰的习俗，与佛法的佛事无关。唯其有慰灵、祭典的作用，也不能一概否定。

以佛法的观点，厚葬是没有必要的，铺张的葬仪也是多余。与其以亡者的财物及亲人的力量，做虚有其表的所谓哀荣的排场，不如拿钱去供养三宝、弘扬佛法、布施贫穷、利益众生、功德回向，更合乎佛法。丧葬宜力求庄严、肃穆、简单、隆重，否则不是佛事，而是借亡者的丧葬仪式来显示丧家的虚荣而已。当然也不宜用贵重的衣物及珍宝陪葬，此对亡者没有实际的利益，同时也浪费了有用的物资。

13
居士可接受寺院的馈赠吗?

依比丘戒及比丘尼戒而言，若以十方信施所供的常住物品，私自馈赠、取用，不论对象是谁、理由如何，均犯偷盗戒，而且是偷了十方僧物，至少也是现前僧物。所谓“十方僧物”，是属于十方所有、一切僧众所有的。所谓“现前僧物”，是属于现在共住一寺的僧众共同所有的，比偷盗个人物品的罪过要大得多。所以出家人，不得私取公物自用，当然也不得私取公物施予居士。

出家人如果为了取得居士的欢心，希望得到居士更多的供养与护持，而以任何物品馈赠。不论是私有或常住公有，凡是馈赠予居士，都犯了“污他家”罪。所谓“污他家”，是以染污心，馈赠物品给在家人。

至于居士在两种情形下，可接受寺院的馈赠。第一，在贫病急难时，接受寺院的布施、救济。救济可以分为两类，一是物质和金钱的，一是精神和佛法的。既然可接受佛法的救济，当然也可接受物质的救济，在接受救济而渡过难关之后，再来供养三宝、救济他人。在中国佛教史上，也曾经盛行过这样的慈济组织。

第二，在为寺院工作并且又必须维持家庭的生活者，当以工计酬；若发心义务为寺院工作，又不便自带食物或到寺院自炊，当然可由寺院供给膳宿。中国古大德还特别叮咛：对于在寺院工作的人，要给予较好的饮食，甚至支付较多的工资。通常寺院的生活清苦，恐怕工人由于饮食不惯，而起嗔嫌。至于寺院有多余的物品，既无特定的对象布施，也无法去换取金钱之时，在家居士也当以欢喜心来接受布施，以免造成物品的浪费和抛弃。

因为中国寺院和印度寺院的生活方式迥异：印度寺院没有厨房，不得自炊；中国寺院自古以来，都是储粮自炊，特别是遇到法会时，信众也在寺院中用餐。这种风俗固然与印度的佛教不合，但在大乘佛教的化区，不仅中国，韩国、日本也是如此。参与法会的在家信众，于寺院中饮食，乃是普遍的现象。此乃有其实际上的必要，最初可能是由居士们自己在寺院中合办饮食，后来就由寺院主办，而其经费，依旧是来自在家的信众。为了便利信众起见，这也是佛教大众化、普及化的形式之一。不过倘若寺院仅仅供人吃饭，而无佛法可闻，也无佛事可做，变相成了大众化的素食餐厅，那就本末倒置了。

14

在家居士如何设佛坛?

这是常常被人问起的问题。也就是说在家学佛需要设置佛堂吗?如果需要，又应如何设置?

这要看个人的情况而定。如果住处很小，或者住于公家宿舍，与同事、同学等共住一室或同住一栋房子，当然有所不便，那只有在定时课诵之际，暂以佛经代表佛像，置于相当的位置，不必设置香炉、烛台，也不必供水、供花、烧香，仅于课诵前后，问讯、礼拜，以表示虔诚、恭敬即可。倘若同住的室友和舍友，大家都信佛，当然可以设置共同的佛坛或佛堂。如果仅是自己一人虔诚学佛，则不可由于表现特殊，强设佛坛，而招惹大众的怨愤。

如果全家之中，仅自己一人学佛，也当比照住于公家宿舍的办法，否则会引起家庭的口角。不要由于学佛，而使家人对佛教产生恶感、嗔嫌。如果全家信佛、学佛，或夫妇共同学佛，而家中尚有余裕的空间或余裕的房间，最好能够设置佛坛或佛堂。

如果设置佛坛，应该选择客厅的正位，也就是主人所坐位置的方向。佛像背后不可临窗，应当面对门窗，阳光充足，使人进门便可一目了然。佛坛是家庭的中心，要能产生安定力和安全感的作用。至于地理师所定的方位可以作为参考，但也不必拘泥、迷信。只要不把佛像面对厕所、炉灶或直接面对自己的卧床就好。在设立佛堂时，应选择一间静室，不是小孩、猫狗嬉戏出入之处，也不是会客、谈笑、宴饮之处，而只是用于礼诵、禅修，不作其他用途。

如果家中原供有关公、妈祖、土地公、祖先等神像、神主牌时，不可由于信佛、学佛而把它们立即废除，应该逐步进行。先将佛菩萨圣像安于正位，其他神像祖牌置于两旁，不必另设香案、烛台。因为一切善神、祖先都会护持三宝且亲近三宝，供设佛菩萨圣像之后，它们也能成为三宝弟子，得到佛法的利益。等到下次迁移佛坛和佛堂之时，便可把原先的神像视为古物而予以保藏。

至于祖牌可以移置于寺院的往生堂，家中并不需供奉。如果仍要供奉，则可置于佛像之下首或另移他处，改以较佛坛为小的祖坛，单独供奉。例如寺院规模较大者，都会另设有往生堂，专供往生牌；寺院规模较小者，即以大殿佛坛的两侧供置长生牌和往生牌。如此，既能对祖先表示慎终追远的孝思，也能显出对佛菩萨的崇高信仰，而此崇高信仰有别于慎终追远的孝思。

家庭供奉佛菩萨圣像，不需太多、太杂、太乱。可以一佛代表万佛，以一菩萨代表一切佛菩萨。一般的家庭多半是供奉观音菩萨、释迦牟尼佛、阿弥陀佛、药师佛，任择其一即可。如果已经有了佛与菩萨的圣像，则置佛像在正中或后上方，菩萨像在两侧或在前下方，务必要使佛突出，以显其尊贵。圣像的大小尺寸，应该和佛坛、佛堂的空间位置比例相称，不可太大或太小。如果圣像很小，且是以七宝所成，则可以雕刻多重的佛龛来衬托出佛像的伟大。

请购了佛菩萨的圣像之后，一般人大多崇尚举行开光仪式。以佛教的观点而言，开光仪式并不一定是必需之举。因为佛菩萨像只是用来当作修行的工具，佛菩萨的感应遍在，而以圣像作为致敬的对象；若无圣像，便无可作为礼拜、供养和恭敬的对象。通过这样的修行后，便能得到修行的利益和佛菩萨的感应，但最重要的是在于信心、虔敬心、恭敬心的感发，不在于圣像本身。所以，圣像是否开光并不重要。

在释迦世尊住世的时候，因为佛去忉利天为母说法三个月，人间的弟子们思念佛陀，所以为其塑了像来供养，其中也没有见到有关开光的记载。至后世，乃以经、像、法物、塔、寺等代表着佛的住世、化世。不过隆重的仪式能使更多人起敬生信，所以后来渐渐地有了各种各样的供养仪式，而开光就是仪式之一。因此，迄今，各寺院若新塑佛像，也都集合信众举行开光仪式。这犹如学校开学、公司行号开幕、建筑物落成时所举行的开幕剪彩等仪式一般，是为了慎重地向大众宣告，所以举行仪式。

至于个人在家庭供养佛菩萨的圣像时，并不需要昭告社会大众，所以也不一定需要举行开光仪式。只要以虔诚心、恭敬心将圣像安置供奉，然后以香、花、水果等供品供养，日日不辍，使其保持新鲜、整齐、清洁，就能显出圣像所在的神圣气氛，借此引发修行者的道心。

为了保持室内空气新鲜，所燃的香以精细、清香为原则，家庭佛堂一次以一炷香为宜，不要大把地燃烧香烛，以免造成室内空气混浊。香类以自然的檀香、沉香为佳品，不宜用化学香料或动物香料调制的线香、棒香。现代家庭的佛堂，可以电灯代替蜡烛，且应常常清理供桌、香炉、烛台，换新供品，至少该保持没有灰尘或枯萎腐烂的花果食物。每天最好应该有定时的早晚课诵，至少早晚也须烧香、供水。外出之前，到家之时，也当先在佛前礼拜，以表示感谢、恭敬、系念之心。

15

在家学佛如何课诵?

课诵的原则，以定时做定课为主。内容应该包括供养、礼拜、禅坐、持名、读诵、发愿、回向等。

所谓供养，是在佛前摆设香、花、灯、果、净水和食物。如果条件许可，应当每日换新，保持鲜度，否则亦不当有腐烂、污染、凋谢等的现象发生，以维持佛前的整齐、清洁和庄严为原则。

所谓定时做定课，是指在每天的同样时段做同样的功课。最好是选择头脑清楚、身心舒畅的时段做课诵。通常是以清晨起床，盥洗之后，早餐之前；或晚餐之后，休息一段时间，就寝之前，为最好的两个时段。两个时段加起来，每天至少需要一至两小时，但也不需要超过四小时，否则课诵时间太多，会影响正常的家庭生活及工作。如果情况特殊，也可以选定上午或下午的任何一个时段，来做定时的课诵。

课诵叫作恒课，又叫日课，就是每天必须有的修持活动，不能间断。它的作用相同于早晨起床后要漱口、洗脸、饮食、洒扫庭院、大小便利一样，是保持身心平衡，也是修身养性、警策精进的生活方式。修行的目的不在于形式，形式却能够帮助我们达到身心安定、健康、幸福的目的。除了自我的修炼和反省，也有诸佛菩萨和护法龙天的加被与护持。

课诵的项目可多可少，只要每天相同即可。内容可依时间的长短及个人的喜好而有所选择，但是供水、献香、礼拜则不能缺少。个人课诵，不一定要用鱼磬等法器，亦不一定要会梵呗。若不致打扰他人，可用小鱼。在献供及顶礼三拜之后，早上诵《大悲咒》三遍至七遍，《心经》一遍，三称“摩诃般若波罗蜜”，然后念阿弥陀佛或观世音菩萨圣号四十八或一百〇八遍，再念普贤菩萨十大愿或四弘誓愿，最后是三皈依，唱回向偈：“愿消三障诸烦恼，愿得智慧真明了，普愿灾障悉消除，世世常行菩萨道。”然后顶礼三拜，课诵完毕。

晚课应该是在下午或是晚餐之后，同样供养、礼拜，然后诵《阿弥陀经》或《忏悔文》一遍，也可以只诵《大悲咒》七遍，念《心经》一遍、《往生咒》三遍，念阿弥陀佛或观世音菩萨圣号四十八或一百零八遍，接着念四弘誓愿、普贤警众偈、三皈依，唱回向偈：“愿以此功德，回向诸众生，解脱三界苦，皆发菩提心。”顶礼三拜，晚课即结束。

因为课诵的人，进度有快有慢，有的会唱，有的不会唱，除非环境许可使用法器唱诵，否则不用法器，念诵即可。经咒的遍数也以快慢不等而酌量增减，以配合时间为宜。

如果时间允许，可酌量延长至四十五分钟或一小时。在早课之前，晚课之后，亦可增加静坐时间二十五到三十分钟。最好能够向正统的佛教静坐老师学习安全的静坐方法，否则也得把姿势坐正，身心放松，默念佛菩萨圣号，一心专注，不急不缓。如果不习惯静坐，也可采用礼拜的方式，以定时或定数礼拜佛菩萨。以无所求之心礼诵和静坐，是最正确和安全的，否则容易引起幻相、幻景、幻觉，而引发身心的障碍。真正的修行是没有条件的，当然，它是有目的的，而修行的本身就是目的。

如果仅愿把课诵时间加长，而无意静坐或增加礼拜的次数，则可以在早课的供养、礼拜之后，加诵《楞严咒》及《十小咒》；晚课的供养、礼拜之后，加诵《普门品》或者增加《大悲咒》的持诵遍数至二十一或四十八遍。

如果居家无事，也可以在白天任何一个固定的时间，礼拜经典。拜经的方法，也是先做供养，然后一字一拜，每拜一字应念两句拜经词，例如拜《法华经》时，每拜一拜，当念“南无妙法莲华经，南无法华会上佛菩萨”；如拜《华严经》，则念“南无大方广佛华严经，南无华严海会佛菩萨”；如拜《金刚经》，则念“南无般若波罗蜜多金刚经，南无般若波罗蜜多会上佛菩萨”；如拜《弥陀经》，则念“南无佛说阿弥陀经，南无莲池海会佛菩萨”；如拜《普门品》，可有两种念法：第一因为它是《法华经》的一品，因此比照拜《法华经》的念法；第二则念“南无观世音菩萨普门品，南无大慈大悲救苦救难观世音菩萨”；如拜《地藏经》及《药师经》，即可以此类推。

拜的时候，通常是用黄纸条或檀香，用大字的经本，逐字逐字地移动，拜到一定的经文与段落，或者是用笔记下所拜完的经文，或者用纸条夹在那一段、那一个字之处，预备下一次继续礼拜。但是每次拜完之后，经本必须盖上，不得散置或敞开。拜完一部经，还可继续拜同一部经，乃至发愿拜上几十部、几百部、几千部，或是终身礼拜同一部经，拜得越多越好。

课诵之前或者是发愿课诵、拜经之前，可以有目的而为，或是为了祈求现实或来世的利益，或是为了成就什么功德。做完课诵之后，也可以发愿祈求你所希望达成的愿望。但在课诵时，应当专心一意于课诵，不得有任何祈求的念头。最好的态度是，但为众生离苦得乐，不为自己有所祈求，那就是菩萨道的修行态度。其实不为己求而修行，才是最大的功德。

16

消灾、延生是可能的吗?

佛法所讲的因果，就是指自然力的平衡。灾难现象的发生或幸福的来临，就是因果的酬偿。善因的酬偿是富贵寿考，恶业的酬偿是灾难病厄，所以从佛法的观点而言，消灾、延生的最好办法，是为善去恶。

消灾、延生的原理，在于忏悔及发愿。应该接受的果报，必须接受；但是在忏悔心生起之后，愿心发起之时，未发生的果报也会跟着转变。这好像犯罪的人，在受审之时，若承认犯行而有悔意，并和法官合作的话，法庭对他的判罪量刑会减轻。古有戴罪立功、将功赎罪，今有判缓刑而不收监执行，有不起诉处分，还有庭外和解等，都是虽有罪行的因，而能转变了犯罪果报的例子。

祈求消灾、延生的人，不会一边祈求，一边继续造恶，这即是忏悔。而且以做佛事的诵经、拜忏、布施、供养来求消灾、延生，便是对沦于鬼神道中的宿世冤亲债主，用佛法开导，使之心开意解，脱离苦趣，不再索还旧债。再者，是以发愿的力量，将未发事件的因素改变。若继续作恶，便和灾难的原因相应，若弃恶向善，便消弭了灾难的因素而远离灾难了。

所以，发愿、学佛、修善，能够改变未来的命运。当然，其中有佛法不可思议的力量在——经中说，皈依三宝即有三十六位大善神来做护持，求愿消灾、延生的人，既皈敬三宝，当然就有善神护持。由于无始以来，善恶因果循环不已，而且复杂之至，恩恩怨怨，彼此交错，谁先欠谁，一般众生乃至于罗汉都难辨明。若以佛法的力量和护法善神的庇佑，应受的果报，也不一定非受不可，例如富贵者不会和贫贱之人计较小债而急求偿还。当宿世的冤亲，超生离苦之后，心头的怨恨消除了，便不再以冤报冤了，这就是消灾和延生的道理。

17

加持的功用是真的吗?

佛教的教法可以涵盖许多不同内容的层次，从民间信仰的层次、高级宗教的层次、哲学的层次到实相无相的层次。

若从实相无相的层次而言，这是佛教的根本，也是佛教的基础。因为佛法主张离欲、无所求、无所依、无所执着才是解脱，不执着有无、善恶、嗔爱、得失等任何一边，故称为佛法无边，称为究竟自在，所以也就无需求取加持或给予加持。

但是人间属于凡夫的世界，虽然以知识能够理解无求、无欲的解脱境界才是究竟自在。然而一旦遇到身心的病障、家人的灾难、事业的不顺，就会自然而然期待外力的支持、神力的加持和佛菩萨的救济。因此，加持虽非佛法的究竟，但佛教为了接引方便和适应大众的需要，并不否定和反对加持的信仰和作用。

加持的功能，来自咒力、愿力和心力。持咒功力深厚的人，咒的本身产生了感应力，能够感通鬼神，协助并加持人；愿力强的人能够以发愿心感通诸佛菩萨以及护法龙天的护持和救济；心力强的人可以直接影响被加持者的心向，加强他们的意志，转变他们的观念，所谓逢凶化吉、消灾、治病，都是以精神的心力为主宰。

加持的力量，即是转变被加持者的心，也就转变了他们的力量。所谓神力的加持，主要在于帮助被加持者安心、安身而渡过难关，加强他们的勇气和毅力面对现实，不是叫他躲债、逃债、逃避现实。当然，可由加持力来缓和、缓冲当面的压力和冲击，然后借力化力，以化解冲击和压力于无形。

从民间信仰的层次而言，加持力属于他力而非自力，那就是以加持者的心力、愿力及咒力直接来解除被加持者的问题，这是一般人所共同企求和信仰的。因为不需自己的修持，不需付出相对的代价，就能解决重大的危机，这也是民间鬼神信仰普遍的原因。可是，累次的加持，只能阻挡祸患于一时，不能解决问题于永久，好像托庇于权威人士的势力，而逃避黑社会或债主的追索，当庇佑的势力消失或失势之时，灾难会再度降临，而且变本加厉。

佛法则不然，如为冤孽、宿债所困扰、障碍，则以加持者的慈悲力和修持力来感化、疏导那些冤亲债主的仇恨、执着、报复之心，使之脱离委屈而转生善道，被加持者也就因此而得到消灾免难、吉祥如意的效果。不过事后，必须皈依三宝、修持佛法、造福众生，否则会再造恶业，重受苦果。

有人持《大悲咒》于水中，有人以咒愿力或祝福加予念珠、法物乃至于普通的物品上，而使之成为有治病、避邪、安宅、降福等效用的灵物。这是由于咒愿力以及加持者的修持力、福德力、心力，而使被加持的物品产生力量。但是依加持者的功力深浅，使得被加持物的时效有长有短，属于感应的范围，只要如法修持，就能做到，是纯他力的。但如果被加持者自己不修行，就等于向银行贷款，受过加持之后，虽有一段时间的幸运，过了不久，问题更多，债务更重。因此，加持只是一种方便，不是根本办法。

18

大修行者能代众生消业吗?

是的，有人作如此说，大修行者能代替有缘的众生受报。比如有人说，虚云老和尚遭受云门事件，拷问毒打，遍体鳞伤，几乎致死，是代全国人受难。又有说某某大喇嘛或转世者因害某种痛苦的疾病死亡，是为了替代全人类消业。或者某某大修行者，以种种苦行，如冬天雪中卧，夏天烈日下坐，或用其他的人为方式，来折磨肉体，为了祈求某些人或人类大众的平安、健康，其实这都是似是而非的见解，不是佛法的正见。

佛法所讲的因果，是众生共同的，各自造作不同的别业受别报，多人造作相同的共业受共报，造恶业受苦报，造善业受福报。例如众人都吃饭众人都能饱，众人不吃饭众人皆饥饿；一人吃饭不能使得众人皆饱，一人不吃饭也与众人的饥饱无关。所以说，各人生死各人了，各人罪业各人消，正如《地藏经》说："父子至亲，歧路各别，纵然相逢，无肯代受。"

大修行者的修行力量，的确能够影响其他的人。在某地有一大修行人，那地方的大众都会受到益处；某时代出了一大修行人，那一时代的人都会受到帮助。那是大修行者行持力的感应及其言行的感化，使得大众趋善避恶，使得鬼神调柔护持。但这也是由于当时、当地众生的福德所感，而有大修行者出现，不是大修行者能代众生消业。

如果大修行者也发生灾难、恶疾，那有两种可能：一是圣人示现凡夫相，视同凡夫，受灾受难，是为了能接近凡夫大众，感动凡夫众生；二是因为大修行者本身的业报所感，最后身的佛及罗汉还要受报，何况是一般凡夫阶段的大修行者。有的是因精进修行，使天魔恐惧或往昔的冤亲债主现生于神鬼道中者发愁，唯恐大修行人，出离生死之后，不再受其控制，无法索取所欠的债务，因此而有种种的大磨难、大疾病，纷纷降临。也有由于大修行力，使得应堕地狱、畜生、饿鬼的罪报，而以人间的灾难、疾病来抵偿，称为重罪轻报。所以大修行者的灾难、疾病都是好现象，不过不是为了代众生消业障。

至于代受果报、代消业障的观念，是沿袭神教的思想而来。比如，耶稣基督是代世人赎罪而死于十字架上，中国的民间信仰也相信菩萨能够代众生消业障。比如，相信药师佛既号称“消灾延寿”，必能代众生消业；或认为地藏菩萨入地狱度众生，也就是为了代众生消业；更有人为了父母及亲人的消灾、延寿，而有发愿自己吃素、出家或者减寿、借寿等的信仰，这些观念和做法虽出自一片好心，但和根本佛法的因果律却不相应。

我们只能以行善、持戒以及大修持的功德力量回向众生，使众生获益，就像是用镜子接收到阳光，折射至黑暗的所在，使得本是黑暗之处也能得到光明一样。可是如果是盲者，还是看不到光明的，能见到光明的，还是因为他有眼睛，那便是说本具善根的人，才能得到大修行者的帮忙。所以，佛教对于非理性的苦行以及借寿等的迷信行为，不予赞成。

有人认为修行人或者是通灵的灵媒，能够为人消业、治病、赶鬼、驱魔，这在民间信仰的层次，的确受到肯定。但是佛说定业不可转，该受的果报，必须接受；民间信仰的宗教力量，虽也能够有若干的功效，但是不能够解决根本问题。

用咒术力或修行者的心力，可为他人的业障作一时的阻挡。但是如果阻挡太多或勉强阻挡，施术者或修行者的本身就会受到反击而致疾病，甚至死亡，那好像是用三合板去阻挡山洪暴发，必定也将被洪流冲走。这不是代众生消业，那是他自己造业而受到果报。因他违背因果，虽存心做好事而使人家暂时不受报，事实上却是天网恢恢，疏而不漏。绝没有造了恶业，而能不受恶报的道理，违背自然，即是违背因果。

不论以咒术的神王之力或修行者的心力助人，必须基于相对的原则。那就是受助者的善根以及心向的转变，加上修行者的咒力或心力才能产生正面的效果，那叫感应道交。这都是在合理的原则下所产生的效果，不是代为消业。

19

持咒有用吗?

咒的作用应该是被肯定的，它是用特定的音符和特定的语句所组成的符号，代表着特定神明或佛菩萨的尊称和力量，从原始民族的宗教起即已发生。

咒语的出现，一般是透过所谓通灵者的媒介，由神灵所传授，而为民间所采用，不论东西方，都有咒语的流传、使用和信仰。在中国民间，符咒并用。符是用笔绘成的符号，也是代表特定神明的灵力。所以，遇到一些小不如意事，以现代人所称的民俗治疗法，也可以产生疗效，由所谓民间信仰的符咒力达到驱邪、避凶、趋吉的目的。

在释迦世尊时代，也有少数弟子采用类似的咒术，而为佛所不许。佛灭之后，佛教徒的分子渐渐复杂，有些本来就是外道的咒术师，皈依三宝而出家为比丘，故在《四分律》卷二十七、《十诵律》卷四十六等，有用咒治病的记载。然依根本佛法，应该是有病看医生，有灾难要忏悔、存善心、做善事，才是逢凶化吉、解冤释结，消除业障的最好办法，所以，原则上并不重视咒语的使用。（请参阅拙著《印度佛教史》第十二章第一节）

可是，以同一种特定的语句反复地持诵，便会产生咒的力量，其中固然有代表神明的灵力，重要的还是持诵者的心念集中之力。所以，持咒者持诵越久，效验越强。如果能够专心一致，反复持诵同一咒文，也能达成统一身心，从有念而至无念的禅定效果。所以，后期的佛教，也不反对使用持咒的法门，并且由于梵文的咒有总持的意思，就是以一咒的咒法，统摄一切法。任何一咒语，只要修之如法，持之以恒，都有相当大的效验。主要是因持咒兼带持戒、修定，产生慈悲心和智慧力，必然能够去执着而消业障，这样也必定能感通诸佛菩萨的本誓愿力。

因此，什么叫咒王？以总持的意义说，任何一咒，持之得力，都是咒王。除了邪法、邪咒，用来损人利己或者是报复、报仇、泄愤等以害人为目的的咒术之外，都可以持诵。

早期的中国佛教，也不重视持咒，如果持咒便被称为杂修、杂行，故虽《孔雀王经咒》早在魏晋时代就已译出，《大悲咒》在唐高宗时代就已翻译成了中文，这些都是密教最初传入中国的事。但直到宋朝，才被天台宗的四明知礼大师予以提倡而普及。《楞严咒》在晚唐时期，即已流传于中国，却到了宋以后，随着《楞严经》的普遍受到重视，才被各寺院所持诵。到了明末之际，所编成的《禅门日诵》课本里面，开始收有许多的咒语。

因此，在唐、宋时代传到日本的佛教，并不流行咒语，除了密宗之外，也并不重视咒语。他们的净土宗专门念佛，禅宗专门参禅，天台宗专门修止观，对我们近代的中国佛教，大家都兼修持咒法门的现象，日本佛教界感到很奇怪。但是，在中国民间因持《大悲咒》而得感应的例子，相当显著，所以，我们不可反对持咒法门。

现在佛教所用的咒语之中，多半是神天的名字和代表神力的尊号，这是因为大乘思想将一切善法的力量和产生功德的作用，都视为佛菩萨的权现和化现，所以将一切神王、鬼王视为佛菩萨的代表。既然是佛教所用的咒语，一定有佛菩萨的名号在内，也有皈敬三宝的语句在内，不过是用梵音的直译，而不是用汉语的义译。比如说“南无佛陀、南无达摩、南无僧伽”，便是皈敬三宝的梵语。如果持诵“南无观世音菩萨”，那就成了语意明了的咒语。

真正持咒的人也讲咒音，最好是以梵语的原音发音，而且每一个音节在印度都有它一定的意义和作用，所以，今人有说“阿（ㄛ）弥陀”的ㄛ最好能发音为“阿（ㄚ）弥陀”不无理由。但是一切修持法门，以心为主，音声是其次的，千百年来中国人念“阿（ㄜ）弥陀佛”，并没有发生什么不良的后果或作用，也没有因此而打了折扣的记录。《大悲咒》也是一样，今天的中国人、韩国人、日本人、越南人都持《大悲咒》，发音彼此各异，可是也能收有相同的效应。

所谓咒语的密付、密传，是那些被藏传佛教列为高层次的密法，即瑜伽密及无上瑜伽密。它们有一定的仪轨和修法的程序，重于心理的引导，故需要师师相传。普通运用的咒语则不需要。

今日的依附佛法外道及自称上师的神鬼教，都有密法、密传之说。在印度的各派外道中也有这种现象，比如现在流行的超觉静坐，就有它的字诀秘咒，台湾地区的一贯道也有五字诀。对正常的社会而言，这种密法的流传，是不健康的现象。

20

佛教相信在劫难逃、在数难逃之说吗?

佛教不相信定命论，但是相信因果论。因果是可以改变的，过去已造的因加上现在的缘，可以改变它的结果。但是佛说：定业不可转，重业不可救。所谓定业，是造了极大的恶业，如五逆——杀父、杀母、杀阿罗汉、破和合僧、出佛身血。又如毁谤三宝、杀人越货、纵火决堤、强暴妇女等重大的犯罪行为，都是不可变转的罪业。因为这些行为不仅造成他人生命的丧失，而且长久影响社会的安定，所以必须受报。

古来已有“欲知世上刀兵劫，但听屠门夜半声”的谚语。杀生太多，不免引起战争，而相互的残杀与斗争，则会招致兵荒马乱、十室九空、哀鸿遍野等劫难。

“劫”是时间或时限的意思。恶因若累积到某种程度，便会发生某种灾难，有的是区域性的，有的则是全国性乃至世界性的，但看造业人数的多寡和所造之业的轻重而定。今生造业不一定今生受报，但在过去世中，于不同的地方，各人造了某类的恶业之因，就会在未来世中的某个时代的同一环境中受到相同的恶报。

“数”不是佛学名词。屈原于《楚辞》的《卜居》内有云：“数有所不逮，神有所不通。”此数是指占卜之术数。《书经》的《大禹谟》则云：“天之历数在汝躬”，以及收录于《文选》中的应璩所撰《与曹长思书》一文内又云：“春生者繁荣，秋荣者零悴，自然之数，岂有恨哉!”这些都是讲天理、命运或气运之说。而将之与佛教的“劫”字配合，便产生“劫数”之说了。

佛教所讲的“劫”，是梵语“劫波”（Kalpa）的音译，指非常长的时间过程，其有大、中、小劫。所谓小劫，若用比例来说，如果人类寿命最长可达八万四千岁，最短仅得十岁，那么，从八万四千岁起每一百年减一岁，减到只剩十岁，再从十岁起，每一百年加一岁，加到八万四千岁，如此一减一加的历程，总称为一小劫，二十个小劫为一中劫。众生所居住的世间分为成、住、坏、空四个阶段，每一阶段是一个中劫，四个中劫成一循环，是为一大劫。

据佛经所说，只有“住”的阶段有众生活动，其他三个阶段，众生应是迁到他方世界去。而在还没有迁出之前，遇到“坏”的阶段开始时，会有大火、大水或大风等灾变发生，称为“劫难”，能把物质世界以至禅定世界全部摧毁。尚未脱离这个世界的众生，就是在劫难逃。劫难之后，如果业报未了，业识——生命的主体，即转生他方世界继续受报；如果业报已了，不待劫难到来便生佛国净土，从此超出三界，永远不再遭受劫难的摧迫，称为“出离苦海”。当然，若不修行佛法，要想脱离这样的劫难是不可能的。

民间传说的在劫在数，虽和佛法相关，却是只知其然而不知其所以然，只知无法逃避而不知如何超脱。所以民间每经一段承平时代，便丧失忧患意识而形成歌舞升平、生活糜烂、道德堕落和思想腐败等现象，某些预言就会因此传出而呼告大众：将有天灾人祸、战乱等发生，会有多少人死亡等等，甚至危言耸听，说死里逃生的人少如漏网之鱼。其中有些预言说这是无可挽回的事情，但也有若干预言呼吁社会大众及时端正人心，劝恶向善，回头是岸，以挽救劫难于临头。这些预言大致是出于民间信仰的有心之士，也有的是出于佛教徒的化世方便。

有些人士基于在劫在数的观念，以为那些杀人魔王的出世似乎也有道理，即不是他们要杀人，而是被杀的人需要他们来处理，否则善恶因果报应之说就无法完成。这种说法必须纠正。如果说魔王是应众生须受劫难而来，则好比是刽子手行刑杀人，是执法而非犯法造罪。其实，既被称作魔王，就算是造罪而非“替天行道”的执法行为，唯有自然的灾变及人力无从抗拒而遭的劫难，始为“天数”。所以，魔王杀人，恶业极重，也是要受恶报的。

如果是来自火、水、风等的天灾杀人，则是自然的报应，其中没有人格的魔力或出于某些恶人的意欲，乃是造业者直接受报。所以在佛经中只有说火、水、风等自然的劫难，没有说由魔或魔的代理人来执行众生的恶报。因为被魔王杀的人，虽然很可能是罪有应得，但也可能是出于魔王的一时愤怒，或出于恶人的偏激疯狂，甚至会促成更多人假借替天行道的名义而涂炭生灵，不仅不公正，也会给宵小犯罪作恶的口实，所以，佛教不赞成以魔王代替自然灾害来杀戮众生的说法。

众生为了逃避劫数，必须修学佛法。修五戒十善能免除三涂之苦，即刀兵、水火和地狱诸苦；修禅定能暂时免除内心烦恼之苦；若能开悟而得智慧，即可出离三界的生死之苦。

如果自己没有信心修好五戒十善及禅定智慧，也该多念阿弥陀佛，发愿往生西方阿弥陀佛的极乐世界，同样可以出离生死的范围。可惜众生只畏苦果，而不知避恶因。其实，最好的办法是实时去恶向善，广种福田，修学佛法，发菩提心，求成佛道，如此即可免遭受未来的劫数之难。

21

如何使人相信三世因果?

通常认为若要了解三世因果，必须借宿命通知道过去，用天眼通知道未来，才能亲见三世因果。其实，这是似是而非的观念。

所谓三世，是指时间上的过去、现在、未来，可长可短、可近可远。长的以无量数的阿僧祇劫计算——过去阿僧祇劫、现在阿僧祇劫、未来阿僧祇劫。比如说，众生发心成佛，要经过三大阿僧祇劫。其次以大劫计算，例如说过去劫、现在劫、未来劫；再次，以生命的生死计算，过去世、现在世、未来世；最少以秒乃至于比瞬间还要短的刹那计算，前刹那、现刹那、未来刹那。一切众生，如果不出生死，就在无穷的三世之中，无尽的时间里边，一直循环延续下去。如果仅仅把前生、现生、未来生看成三世因果，那是看得太狭隘了。

人既知有现生之中的三世因果，必能推想到有无尽的三世因果；不过问题在于今生的三世因果，是凭记忆力——所谓经验而能相信、接受的，对于隔生或生前与死后的因果关系及事实，因为已出乎用脑细胞记忆的范围，所以，难以接受和相信。因此要求诉于鬼神和神通的帮助，等到亲见了过去和未来的生命现象，才能真正地笃信不疑。

神通和神鬼的力量是有的，但极其有限，纵然能够使人知道过去世或未来世，也是极其短近的时间范围，不可能使人知道无穷无尽的过去和未来。既然如此，那依旧不能使你相信最初是什么，最后是什么，是有，还是没有，怀疑三世因果的问号依然存在。

佛法彻底解决这个问题的办法，不是用神通和神鬼的力量来告诉你过去和未来，而是要你知道两句话：“欲知前世因，今生受者是；欲知来世果，今生做者是。”现在的今生就是未来的过去；现在的未来，就是未来的现在；现在的过去，就是过去的现在。因此，只要你清楚地了解、掌握现在这一刻，那就已经包括了三世因果的现象，否则追求、追问、探知过去和未来，除了增加现在的困扰和浪费现在的时间之外，别无益处，既对于现在无补，对未来也无益。

现在有好运，一定在过去曾有好的业因；现在有恶运，一定是由于过去所造成的恶业。未来的好运，一定是从过去的善业加上现在的努力；未来的恶运，一定是过去的恶业加上现在的懈怠和造恶。命运掌握在自己的过去、现在和未来，但基于个人现在的善恶与勤惰，恶运可以改变，好运也会消失。

有些人因为不能见到过去和未来，所以不能相信过去和未来的存在。其实，如果没有见到的就不能相信或不能接受的话，那即使在现生之中，也有许多不能相信和不能接受的事了。例如民族的历史、宗族的族谱、家族的家谱，所记载先民和祖先的事迹，有谁亲眼见到的？曾经见过曾祖父或高曾祖父的人，就很少了，但总不能因此否定祖先的存在吧？所以，肉体生命的遗传，是来自列祖、列宗，亦能传之于子孙万代的，这就是肉体的三世因果。

而今生之前，必然有无始的源头和未来的去向，物质的肉体之外，必有灵魂、精神或佛教所说的神识的迁流。然而，以唯物论的立场，人死如灯灭，除物质外，没有精神。这样的论调对于人类而言，容易养成不为自身行为负责任的态度，甚至演变成残杀、斗争。为达个人或某个集团的利益，可以不择手段去牺牲他人的利益，或牺牲其他集团以及其他族类的生命和财产。所以，为了对于个人的未来有所寄托，并指出方向和努力的前程，相信有神识的三世因果，是最安全的。而全体人类若都能接受神识的三世因果，便可完成互敬、互助、互谅、彼此共存共荣，而不相互伤害的生存环境。否则的话，造如是因，必得如是果，善恶不分，利害互见，便会造成将来世界的动乱与不安。

22

佛教对于命相、风水的看法如何?

命相、星相以及风水地理，起源很早。以星相家的传说，可以推到太古以前，天地始成之时，也就是当宇宙存在的同时，就已形成了它们的原理。

以佛教的观点看来，对于命相、风水之术，既不否定也不肯定。因为它们虽有一定的道理，但并不是绝对的真理，可信但不足以迷信；可不信，不信亦无大患。所以，释迦世尊禁止弟子们从事星相、风水、卜筮等行为，但也没有反对它们的存在。

星相，就是天体的运行和我们所处地球位置的关系，彼此间有其一定的轨道，而产生了气候季节的变化、地理位置的配置和人物居住的环境。若配合了出生的时日年份，予以相加、相乘或相除，便成了生辰八字的命理原则。比如马年生于冬天的北方，命不会好，因为马在冬天的北方，没有草吃；如果兔年生于春天的南方，在近山靠水之处，则命运一定会好。可是从佛家的立场说，人的祸福吉凶，是由于过去世的善恶业因而感得今生的果报，这是先天的；如果加上后天的努力或懈怠，就会改变或影响这生的命运，这是后天的因素加上先天的条件，而构成所谓命运的好坏。

因为过去世所造不同的业因，所以感受到今生不同的环境。所谓环境，包括父母的遗传、文化和文明的背景、养育和教育，乃至兄弟等亲戚、师长、朋友、同事、同学，都会影响一生的命运。如果前生的业因虽坏，感得今生的环境也坏，那也未必是绝对的坏。只要注意内心的修养、身体的健康、知识的增长和智慧的开发，就会改变原有的命运。所以，仅仅根据生辰八字的命理，来判断人一生的运道，对中下等人不无道理，对中上等人，特别是上上等人，是无法掌握的。

命理和相理应该分开来说：命理是到出生为止的所谓生辰八字，属于先天的。相理是从出生之后，一方面接收了父母遗传的身相，包括面相、骨相、声相、手相；另一方面由于后天的锻炼或糟蹋、健康或残障以及心理的是否正常平衡，而会使得出生时的身相随着生命的过程有不同程度的改变，这才是相理的总和。所以，命理不能转，相理随时变、随心变，因此相无定相，命无定命，当然是可信可不信。

至于风水、地理是依据天体的方位和地理的形貌而决定它对于人的影响力的好坏利弊，这是属于自然，也是属于常识的。顺乎自然可以得天时之正、获山川之利；背乎自然，则相反。这从哲学上讲，是属于形而下的应用哲学或自然科学。近代的人又以磁场、磁力的科学依据来说明风水、地理的原理。磁力集中点，磁场的顺方位，对于人体有益，也对于人的心情有助，否则，也是相反。

所谓风水，风是空气，是来自空中的活力。水是万物生长之必需，是来自地下的活力。有了这两种活力的配合，再加上能够吸收充分阳光的地理位置，那不等于近人所说的生命三要素——阳光、空气、水吗？

可是我所熟识的名地理学家李易浓先生说："只有积功累德、生辰八字、地理风水三个条件都配合得好，才能够富贵寿考。"所谓生辰八字就是先天的命理，所谓积功累德就是后天的努力修养，地理、风水只占其中三分之一。如果命坏而又心恶、行为不正，不会找到好的风水，纵然已得好的风水，也会遭受水灾、地震等自然灾变的破坏。而且他又说："三分风水七分做。"也就是说风水必须加上人为的努力，才能改善环境。因此，从佛教的立场说，风水、地理虽然有其道理，但也未必是决定性的道理。

古来祖师都能在高地峻岭，深山大泽，辟草莽，建丛林，安众养道，使高地成为后来的名山。既是名山，必占好的风水、地理。历千年而不坠，经万世而不败，这是多么好的风水、地理，但是他们都没有风水、地理的专业知识，而且往往还能够改变地理，不假以人工而有自然变化的现象。1936 年，虚云老和尚复兴曹溪门庭南华寺的时候，就发生了大雨筑堤、河流改道的事实。

另外，我们北投中华佛教文化馆新馆的地理位置，只因我本人从四周环境和方位所得到的自然反应，觉得非常舒畅，所以没有请地理师之前，就已作了择地的决定，结果，由专家们勘定之时，都说："好！好！"我可说是一个毫无地理、风水知识的人，只是知其原理，认为此理与彼理，应该理理相通才是。因此，我既信又不信：为了我自己，我不必去信；为了随俗，以慰大众，请专家勘定作为参考，也无伤大雅。所谓参考，仅止于参考，不可盲从盲信，否则反而会招致心理上的困扰及生活上的不便。

反观，职业的星相士或被誉为卓越的星相家，很少能为他们自己找到好的风水、地理，也很少有星相学家用他们自己的学理和经验来改变他们自己的命运。因此，佛教徒应该以学佛为根本，以佛法来化导众生为根本，若以命理、星相、风水为专业，则是本末倒置。上智者不妨涉略，中下之人若研究此等杂书、外术，浪费时间，妨碍正修，宜予设限。

23

“念佛一声罪灭河沙”是真的吗?

这是出于《法华经》的经句，是从发心的观点来说的。

佛教的灭罪理论和基督教的赎罪思想不同。基督教说，耶稣受十字架钉死就是代世人赎罪，凡是信他的人，都能免罪而成为无罪。但是又说，人不以自己的善恶行为作为有罪无罪的判断，人之能否进入天国，是看上帝的审判来决定，因此，基督教的赎罪之说，有它的矛盾。上帝既然基于爱来造人，又要基于人类的原罪而来赎罪，结果只有为上帝选中的人能被召至天国，其他的人都将被丢进炼狱。爱与罚、善与恶，不是基于人类的道德，而是出乎上帝的大能或权威。基督教强调信者得救，伦理的矛盾与否，对他们不能构成问题。

佛法不是如此，佛能救济众生，能引导、启发众生自己去恶向善。再自有漏善而至无漏善，也就是从不造三恶道的因为起点，继续努力则修人天福报，成为有漏善，再修菩萨道乃至于佛道，成为无漏善，即是彻底灭罪。

经说："罪性本空由心造，心若灭时罪亦亡。"罪是由于造作恶业所成，又叫作烦恼垢和罪垢。罪的完成必须有三个条件：有心犯罪、知道是犯罪、确已犯了罪。比如杀人，预谋杀人、知道是杀人而真的杀人，如缺其一，便不成为重罪或不成为犯罪，其中最主要的是意念。若未预谋杀人，也不知道是杀人，而人被杀了，不算犯杀人戒。比如心狂意乱，失去理智的人，虽杀人不犯杀人罪。

念佛的人，心向于佛，只此一念已超三界。如果第二念忘掉了念佛，则仍在三界。念佛心与佛相印，则远离无量罪业，念念念佛，念念离无量罪业，永远念佛则不受三界果报。

灭罪的意思，第一层次是远离罪恶的业因，第二层是不受罪的果报。所谓不受果报，也有两层意思：第一是已得解脱之人，虽受三界身，不以为苦，所以，等于没有果报；第二是罪业种子久久没有机会受报，就如植物的种子置于石头之上，曝于烈日之下，久了自然失去发芽的功能。

24

带业往生等于逃债吗?

所谓带业往生，是净土行者的观念，但在净土经典里面，不曾出现过这样的名词。所以，数年前曾有密教的瑜伽士和显教的净土行者之间，发生了一场“消业往生”和“带业往生”的论战。不过，根据《观无量寿经》和《无量寿经》中说到，凡夫持念阿弥陀佛名号，仰仗阿弥陀佛在因地所发的大誓愿力，虽曾造大恶业，也能往生彼国。因此，中国净土行者就倡出带业往生之说。

以通途而言，菩萨以愿力来世间救度众生，凡夫以业力来世间接受果报。在接受果报的同时又再造业，不论造的是善业或恶业，均不能出离三界。造大恶业则下堕三涂受罪报，造大善业则上升天界享天福。若既造善业也造恶业，则生人间和神道，既受苦报也享福报，且苦多乐少。唯有修行清净的解脱业，也就是除了五戒、十善的善业外，再加上修定和慧，直至烦恼断除为止，才能出离生死、永出三界。

而净土法门是殊胜方便，可仰仗阿弥陀佛本誓愿力而横出三界。凡是能够深信而发切愿，愿生彼佛净土者，纵有生死重罪、无数恶业，亦能往生彼佛的极乐世界。其后继续熏闻佛法、增长菩提。到了彼佛国土，由于环境殊胜，不但没有再造恶业的机会，且经过长期的熏闻，使先前所造的恶业种子，也逐渐萎缩，不再发芽、生长而接受果报了。以上就是“带业往生”的理论。

当然在西方净土，修到位阶不退，证得圣果，再还入娑婆，现种种身相，度种种众生，其可托胎化生，可变化化生。若托胎化生，一样得接受和凡夫众生相同的身体和环境，一样会受到众生所受的种种苦痛交迫、煎熬。此对众生而言，乃属业报，但对这些乘愿再来的圣者而言，虽然也是受报，却不以为苦。所以，虽带业往生，却未曾逃债，虽身受果报，却与凡夫众生大异其趣。

可见，如不往生净土，便将永远流转于生死苦海之中，一再地造业受报，受报造业，循环不已，称为“流转”。若能往生净土，带业而去，消业而还，再来世间受报，已经没有苦果的实质，而仅有类似于果报的现象。因此，我们也不妨相信带业往生、消业受报的观念，但这和造业受报的凡夫是不能同日而语的。因为一个是自主的，以愿力来度众生；一个是受业力牵制的，不能自主，是出于苦果和苦因的循环再循环。

不过，密教另有一套理论，认为可以修持密法或以某一大修行者的加持力，能即身消除一切业障，而以清净无障之身心，往生佛国。看来相当迷人，实则此乃与一神教的神力赎罪、代罪、消罪、免罪的观念有点相似，与根本佛法的因果观念不甚相应。

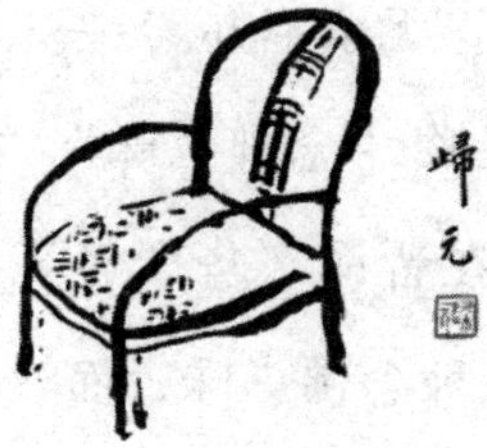

25

何谓念佛至一心不乱?

“一心不乱”这句话，出于《阿弥陀经》，《遗教经》中也说：“制心一处，无事不办。”一心不乱的意思是属于修定的法门之一，又称“念佛三昧”，或称“般舟三昧”，或称“一行三昧”。在晋译《华严经》卷四十六《入法界品》中，列有二十一种念佛三昧，而《阿弥陀经》则说若一日乃至七日，专持“阿弥陀佛”名号，能得一心不乱，临命终时，即得往生西方极乐世界。

一心是对散心说的。若一方面口中念佛名号，一方面心中还有种种妄想，那是散心念佛；如果念佛念到心口一致，没有杂乱妄想，只有佛号的相续，念念之间，只有佛号，不念而自念，这便与《楞严经》所说“净念相继”的功夫吻合。

根据明末莲池大师的《阿弥陀经疏钞》所示，一心可分为“事一心”和“理一心”。所谓“事一心”也就是心无杂念、心口相应，念念是佛号。自己知道在念佛，而且有佛号可念，便是一心念佛，或称“全心念佛”。由于专心念佛，即能达成禅宗所谓“功夫成片”的层次了。再深一层说，才是三昧或定的程度，也就是忘我的觉受现前。

所谓“理一心”即是与理相应，亲见阿弥陀佛的法身，弥陀即是自性，西方不离方寸，那就是“自性弥陀，唯心净土”的境界现前。“事一心”属于禅观、禅定的层次，“理一心”则是禅悟的层次，这都是禅净双修的结果。以净土的念佛为入门，达成三昧及了悟解脱的目的。

通常所说的一心不乱，应该是指专心一意的意思。于念佛时，心系佛号、口持其名、耳闻其声、心无二用，即为一心，则临命终时，即能往生。

26

念佛的人见到瑞相怎么办?

念佛法门是属于有相的。《观无量寿经》的出现，就是因为释迦世尊时代的恶王阿阇世，篡夺王位，幽禁他的父王频婆娑罗及母后韦提希。韦提希在被幽禁处，祈祷释迦世尊前来慰问说法，释尊应其所感，而以神通于韦提希夫人面前示现十方诸佛净妙国土。夫人特选西方阿弥陀佛的极乐世界，佛陀便为她说了求生彼国的十六种修持法门，于是韦提希夫人和她的五百位侍女，均证得无生法忍，而得以往生彼国。

该经介绍的往生西方净土，共分为九个等级。于临命终时，则不论生何等级，均有见佛菩萨、见莲华台等瑞相现前。故在念佛过程中，若见到诸佛菩萨示现各种瑞相或净土的依正庄严时，乃属正常。

在《地藏经》所说的地藏菩萨在因地为光目女时，因念清净莲华目如来，并设像供养，即梦见佛，放光开示，又亲闻佛示现相告。另又在地藏菩萨做婆罗门女时，为度其母，乃供养觉华定自在王如来形相，即闻彼佛于空中相告，嘱其回家端坐思维，系念彼佛名号，经一日一夜，即亲至地狱。也说到，由于忏罪而能见觉华定自在王如来，即是灭罪的瑞相。

如果平时念佛，不以求见瑞相为目的，而是瑞相自现的话，那可能是好，也不一定是很好。见到瑞相能够使人增长信心，因为他有身历其境的体验，即有真实的感受。倘若仅为求见瑞相而念佛，念佛的心便不够纯净，瑞相的出现就可能是心神恍惚所产生的幻相了。

在心理受到刺激、头脑过分劳累或迫切期待、追求灵验的情况下，很容易会产生幻相。轻者成为神经质，严重则成狂乱的魔障，那时，就需要相当小心了。又由于虔诚心的感应或企求心的真切下，也可能出现瑞相的幻境，也有可能是由于知见不正、心态不清，所以引来魔扰。

因此，从正信的佛法而言，念佛的目的不在求瑞相的现前，见光、见华、闻香、闻声，见极乐胜景、见诸佛菩萨，只要心不贪恋、意不颠倒，只管一心念佛，这样是最安全的。

又若临终见瑞相，不是出于想象，而是自然感得，此将在下一篇谈到。

万一念佛时常出现瑞相，这并非好事，因为会使得念佛者无法专精念佛，甚至误导使其离开佛法而成为鬼神用来作为表现异能、宣说外道思想的工具。如果自己无法辨明邪正，那就不去理它，只要把注意力随时置于佛号，瑞相自然会消失；如果被它紧缠不放，无法摆脱时，最好去请教高僧大德居士们，依据正信的法义予以开导。

27

临命终时见瑞相就表示解脱吗?

可能是解脱，但多半不是。所谓临命终时显现的瑞相，是指奇香弥漫、天乐鸣空、光环、光束、光团的显现。佛菩萨影像现形、鸟兽齐鸣、香花乍开、草木变色、风云变化、雷电交作、遗体柔软，乃至火化后出现舍利子等，这些都是由于修善、积德的福德相。在生之际，为人正直，多行布施，死时即有可能出现瑞相，死后就成为大福德的鬼神。

如果罪福并行，而福多于罪，贪嗔未除，即成为大力的鬼；如果贪嗔轻微、福德增上，就生为欲界的天神；如果修行佛法，戒、定、慧三学并重，纵然不出三界，也会生为欲界的、忉利天和色界的五净居天。在生天以后，依旧能够见佛闻法，供养十方一切诸佛，常和诸大菩萨聚会一处，渐渐而得出离三界、解脱生死。如果受持三皈五戒，精进念佛，一心向往极乐世界，命终之时，即得往生彼国。当然十方世界有无量诸佛，求愿往生，均有可能。

由以上可见，只要能够在人间积福、修善就能够不堕三涂，而能生于人间、天上，命终之时，多少会有些瑞相；纵然生于鬼道，由于福德之力，于临命终时，也能发生若干瑞相。有的瑞相只是亡者命终时的自见，有的瑞相能让多人共见乃至众人皆见，甚至可用摄影、录音等工具、设施录制下来，如此一来，则更可产生令人起信的效果。

至于身体柔软、面色如生，当然是属善相，可得生天。但也有可能是大力魔神，借此显露其神异，而非亡者本身的功德。其主要目的，是为了表现他们本身大势、大能的神力，以吸引更多的信徒来崇拜、敬仰他们。至于其他的瑞相，即可以此类推。

从原则上说，瑞相并不是坏事，它能够鼓励众人去恶向善，但并不表示有瑞相就是得到解脱。解脱乃在心相，不在物相。物相尚在有相、有为、有漏的层次，直须到心中无物、无相才能得解脱。《金刚经》说："凡所有相，皆是虚妄。"解脱是离相不着相的。心中既无相，心外是否尚有瑞相已不重要了。

但是也不能说，临命终时让人见到瑞相，即表示其未得解脱。比如释迦世尊最后入涅槃时，即有种种瑞相。历代的高僧大德圆寂时，通常也有瑞相。这多半不是他们本人的表现，而是护法龙天表示欢喜，表示哀伤，欢喜有人得大解脱，哀伤解脱之人已经远行。既然瑞相多半出自于诸神的神力显现，与命终之人虽有关系，但并不重要。而且虽对于他人有生信和鼓励的作用，但也不能就此肯定即是解脱的表征。

相反的，临终现恶相，不一定证明是未得解脱。例如目犍连、优陀夷、莲华色等大阿罗汉，临命终时是被人打死或弃于粪坑，这是他们往昔的业报所致，与此生的解脱无关。

28
如何辨明临命终时的魔境和接引?

若以《金刚经》说:“凡所有相,皆是虚妄。”因为实相无相,故有相的净土都属于界内,不属界外,那就是人间的净土或天国净土,而不是三界之外的佛国报土。

所以,古来即有大德以为西方弥陀净土,是属于方便土或者是凡圣同居土,不是佛的实报土。但是唐朝的善导大师,主张以阿弥陀佛的本誓愿力所成的西方极乐世界是实报庄严土。凡夫若无法从有相的修行,实证无相而进入实报土,也可因阿弥陀佛的愿力带业进入佛的实报土。只是若尚未证入实相而直生阿弥佛陀的实报土,他将无法亲见弥陀的报身,只见化身,亦即在无相的报土,不妨有相的化身。

以佛菩萨接引往生而言,绝对是有相的,既是有相,则属虚妄,既是虚妄,为什么愿求往生呢?因为如不往生净土,在秽土中难保不造恶业。秽土的环境恶劣,恶多善少,好像孟母三迁，是为孩子得到向上的教育环境，求生净土的道理，也是一样。

如何知道是魔境的干扰还是佛菩萨的接引？不在于临命终时的观察和认知，而在于平时的愿心和修行。平时一心专念阿弥陀佛，愿生西方极乐世界，并且以修善、积福、持戒、修定和闻法等熏习，成长善根力量，到临命终时，自然感得阿弥陀佛和观音、势至等的化身来临。相反的，如果错将极乐世界认为是藏污纳垢之所，把阿弥陀佛当作是包庇护短之鬼神，以贪心求生西方，以嗔心厌离娑婆，以愚痴心迷恋现身的妻子、儿女、父母等眷属及财产、事业、名位等的身外之物，如此之人，临命终时虽然愿求往生弥陀佛国，但他们的本意和弥陀的本愿相违，就很可能是魔鬼来临而现佛菩萨的形相。此时唯一能够补救的办法，是请有缘的大善知识予以临命终时的开导，以期彻底放下万缘，一心向往清净的佛国，便可转魔境为净相了。

29

什么是中阴身?

中阴又叫中蕴、中有，就是五阴和五蕴的意思。所谓阴和蕴，是指色、受、想、行、识五种，乃三界众生生命的组合元素。阴是唐以前的旧译，蕴是唐以后的新译。三界众生称为“二十五有”，所谓有，就是有五蕴；不出三界是被五蕴所困，解脱生死即是出离五蕴的三界。

中国民间说：“跳出三界外，不在五行中。”把佛教的五蕴改为中国思想的金、木、水、火、土五行。其实，五行的相生相克仅属于物质世界。佛教的五蕴之色蕴就涵盖了全部的五行，其余的四蕴则属于精神世界。精神与物质的结合，就成为三界众生的活动现象。

根据《俱舍论》第十卷，中阴身有五个名字，分别是：意生身、求生、食香、中有、起，这是依据其性质分的。如：依意求生得化身，因而称“意生身”；又因其经常喜好寻察当生之处，而名“求生”；依各种喜爱的气味来维持和营养他们的身体，故名“食香”；因为是处于从此生的败坏到另一生出现之间的过渡期，所以叫“中有”；他能够产生生命过程中的另一个身体，而他本身却是不借父母等缘，乃自然而生，因此又称为“起”。

有福报的中阴身是以香气为滋生的食物，无福的中阴身是以恶臭的气味为滋生的食物。凡是中阴身都有神通，能够见到肉眼所不能见到的事物。中阴身的阶段究竟能维持多长时间？有不同的说法：有说一直到另一期生命的开始为止，不论多久都叫中阴身；有说中阴身的生命只有七天，他可以死了又生，生了又死，一次又一次地受生为中阴身。但是古来佛教所相信的，是根据《大毗婆娑论》所说的，人死之后七七日间为中阴，因此而有在人死之后七七日内设斋供养，做布施功德，祈祷冥福，超度亡灵等的佛事，相沿成为一般的佛教信仰。

其实，人死之后，在另一期生命的出生之前，叫作中阴。三界、六道所有众生，死此生彼，都经过中阴的阶段，但无色界众生是定境，没有色蕴，所以没有中阴。以《大宝积经》第五十六卷《入胎藏会》所说，由地狱众生而转的中阴，容貌丑陋，如烧焦的枯木；由傍生而转的中阴，其色如烟；由饿鬼所转的中阴，其色如水；欲界的人及天所转的中阴，带有金色；色界众生所转的中阴，形色鲜白。因此，中阴身的形状有两手、两脚、四脚、多脚或者没有脚，都是随着他们生前的形相，而显出同类的身相。又根据《俱舍论》第九卷说，欲界中人的中阴，身量像五六岁的儿童。欲界的菩萨之中阴则如壮年人的身量且相貌杰出，当其入胎投生时，必有光明照耀。而色界天人的中阴，则形量圆满和他生前相同。

根据《大乘义章》第八卷说，欲、色二界众生一般皆有中阴身，唯上善及重恶众生，死后立即往生净土、转生善类或直堕地狱及饿鬼趣，所以没有中阴。以重恶众生的业感而言，唯造五逆罪者没有中阴。

又根据《释净土群疑论》卷二，也有两种见解：一说往生净土，不经中阴，因为命终之时，即生于莲花中，所以不应有中阴。另一说则是，往生净土之人，从此秽土而生彼净土，是死此而生彼，在这中间当有中阴，不过虽经十万亿佛土，仅如弹指顷，沿途以诸佛国土的香饭之气滋养其中阴身。这些说法虽不尽相同，但也表示了中阴身的存在。

从以上的经论数据所见，凡是众生，若在欲界与色界，除了大善大恶能于死后直升直堕之外，都会经过中阴身的阶段。他不属于任何一道，当他所待投生的因缘成熟，就会以入胎和化生的方式确定投生的类别。

在未投生之前，可有转变其投生类别的方法。例如得闻佛法，或亲属为其祈福供养，做种种佛事，便能影响这一中阴身的前途上升。如果由于积怨难消，再加上亲友和仇敌的干扰，也会使得中阴身改变方向而堕于恶道，所以密宗特别重视中阴身救度法。在显教也主张临终的助念和七七的超度。以佛法来救济中阴，是召请中阴身来听闻佛法，化解心结，减轻烦恼，也以佛法的力量使得有缘的鬼神欢喜，以此为其结善缘的功德达到超度的效果。

至于上善与极恶之人之所以没有中阴身的原因，是在于他们没有等待因缘的必要。就好像有人在大学还没毕业时，已经办好出国留学的手续，或已被公司、行号、机关预聘。毕业之后，不需要等待工作机会或到处找工作，这也许是他们的家庭背景或学业成绩优于一般学生所致。相反的，如果出生便为猪、牛、羊等的家畜，表示出生以后，已经决定了它们被人宰杀作为食物的命运。因此，如果积极修行、努力为善、信心深厚、愿力坚固，就没有堕落三涂的恐惧。只要以信愿和修行的力量自利利人，上求下化，便会依信心往生净土，依愿心修菩萨道，不论生于佛国或生于娑婆，都是直来直往，毫无彷徨、等待的现象，所以，对信愿具足的佛教徒而言，并没有中阴身的过程，也不必要他人以中阴身救度法来超度。

30

婴灵作祟之说有根据吗?

近几年来，有些地区流行着一种婴灵信仰的传说。所谓婴灵，包括人工流产、胎死腹中或出生不久即夭折的婴儿灵魂。据说，如果不予超度，他们便会以种种方式或现象，来危害其亲属以及跟他们有冤的人，以致造成家庭的不安、社会的恐惧等。这些都是由于节育以及婚前怀孕或非婚怀孕等风气所带来的精神负担。

因而有某些人士，于报刊连续登载“婴灵供养”的大幅广告，宣称能够为人超度婴灵，解救婴灵造成的困扰问题，并引《长寿经》为证。又有人传出，能以符咒将婴灵练成婴兵，以婴兵来探听他人的隐私，传递消息。甚至能够驱使婴兵杀人于千里之外，而不留下一丝痕迹。类似的传说，当然不是佛教的主张，也不是任何一个历史时代和特定的地区所流传过的信仰。

自从婴灵之说流传以来，除了人工流产过的父母与家庭受到困扰外，一般人遇到一些物质和精神上的意外现象，也会疑神疑鬼，认为是婴灵作祟。好像我们生活的空间，到处都有婴灵正等待机会，对人下手似的。其实以佛法的观点而言，众生是平等的，人的生命虽然有长有短，死亡之后却都相同，成人死后是中阴身，婴儿死后也是中阴身。经过四十九天之后，他们已经转生，或生人、天，或为鬼神，或为地狱和傍生中的众生，不会老是以婴儿的灵体在人间作祟的。

的确也有一些人杯弓蛇影，认为发现了婴灵附身，纠缠不休，冤魂不散的现象，但这多半是出于心理的因素。即使真有外在的灵力干扰，也不能说就是来自婴灵。总之，不论是否受到鬼神灵力的干扰，都不能肯定说是出于婴灵的作祟。

人们对于婴灵之说的恐慌，可能是从幼儿心态的观点来看。如有些幼儿不可理喻，婴儿更是无知，他们吵闹不休的时候，父母只有哄他们。尤其遇到难带的婴儿，终日哭闹，整夜不眠，不是为了肚子饿，也不是为了不舒服，就是要人陪着他、注意他和照顾他。因此，一旦认为是受到婴灵的困扰时，也就束手无策，并认为，即使为他们诵经、替他们说法，他们也听不懂，所以不受感化。

针对此，一些投机取巧之徒，鼓吹他们能够以某种法术和超度的力量来解决婴灵作祟的问题。但是根据佛经所说，众生从此生死后，到彼生出生之前的中阴身，都跟生前的形态相同而较小，婴儿既无知，婴儿的中阴身，亦不可能寻仇报冤。即使过了中阴身阶段而入鬼趣，鬼道众生也都具备神通，此因无粗重的身体和五根的束缚，便极易接受感应和感化。所以，千万不要把死后的婴儿，当作凶神恶鬼般看待。

依据佛教常识的说法，不论婴儿或成人，年幼或年老，凡死亡者，亲属立即为其设供超度，即以供养三宝功德，为亡者祈得冥福，便能超生善道，乃至往生佛国。所谓专为胎儿及婴儿的亡灵，特设一种超度法门之说，并无往例可循。

至于前举的《长寿经》（现收于《卍续藏经》的“补遗类”），记载着佛陀为一个名叫“颠倒”的妇女所说。此女曾因家庭问题，杀死了已怀孕满八个月的胎儿。佛陀告诫她说，杀胎的罪行，与杀父、杀母、出佛身血、破和合僧，五事并列，称为“五种逆罪”。灭罪之法，便是受持此《长寿经》，书写读诵，或自书，或遣人书，便能不受罪报，而生于梵天，此经中也未见有超度婴灵之说。此经强调护胎，将“杀胎”列为五逆重罪之一，与一般佛经视杀父、杀母、杀阿罗汉、出佛身血、破和合僧的五事为五逆罪不相同，故在我国并不流行。

另外，有人传称日本有婴灵祈求地藏菩萨救度之说，也与地藏信仰的史实不符。根据日本民间对地藏菩萨的信仰看来，自 11 世纪开始，才有了为除病延命而造地藏像的记载。

其后，民间并渐渐将地藏菩萨演变为婴儿的守护神，而有了“守子”“安子”“育子”“持子”的地藏信仰，其作用在于祈求保护胎儿的安全出生，而至于婴儿的平安成长，亦与所谓的婴灵作祟无关。

如今少数人鼓吹婴灵作祟及超度婴灵之风，不论是出于善意的信仰，还是出于敛财的动机，从以上看来均与正统的佛教信仰无涉，则已非常明显。

31

佛教对灵媒的看法如何?

所谓灵媒，在古代，男的称为“觋”（wizard），女的称为“巫”（witch）。宗教学上称“禁厌师”（sorcerer）、“医巫”（medicine man）、“术士”（magician）。西伯利亚和北亚洲以及阿拉斯加等地，则称为“萨满”（shamans），是指一些能够通神、通灵、通鬼的人。他们能够差遣某些鬼神来驱除另一些鬼神，或者是请示某一些鬼神来协助求助的人们，指导人们如何克服现实生活中的种种困难，以及满足人们现实生活中的种种欲望。所以，他们和人类的心理、生理上的弱点有着与生俱来的供需关系。自有人类以来，就有他们活动的踪迹。

高级的灵媒被称为“祭师”“先知”“天使”或“圣者”，而成为一般宗教徒信仰的中心。一般的灵媒，没有公是公非，故在基督教教势扩张之后的欧洲，便对异教的巫、觋赶尽杀绝。在中国，巫觋往往也成为妖言惑众的祸源，所以，孔子主张“子不语怪力乱神”。为何称灵媒为“怪力乱神”？因为他们的灵力来得没有理由，那些神鬼世界也没有一定的秩序和道德准绳。通常是会教人为善，但一旦和这些巫觋本身的权益冲突、矛盾时，他们就会散布谣言、颠倒是非、惑乱人心。故自古以来，中国民间宗教的灵媒信仰，虽然起起灭灭，但都未能登入大雅之堂。

从佛教立场看，修善积福是以持戒、布施而得人天福报。以因果的观点来说，教化大众，种善因、得善报，种恶因、受苦报。如果遭受到灾难、贫病等事情，最好的方法是忏悔、积德、存善心、说好话、做好事。所谓吉人自有天相，这是由于自修善法而得到护法神的惠助，以及诸佛菩萨的庇佑，不需要通过灵媒的关系来以善鬼赶恶鬼、以正神驱邪神。

灵媒确实有其作用，而这种作用的帮助，不过是挖肉补疮式的临时救济，无法真的解决问题。其后必须继续地挖肉、补疮，伤口永远在起灭交替着。求助于灵媒，粗看问题仿佛已经解决了，实质上是问题在连锁着，越陷越深，类似吸食鸦片、注射吗啡，越醉越沉。但是一般民众很难有此自觉，就像海里的章鱼，找不到食物时，可用它自己的软足充饥，那是没有办法的办法，但是长此以往，就只有死路一条。因其违背了因果原则，也违背了自然规律的秩序。

虽然，通过灵媒的帮助，有时也真的能够得到一时的意外之福，但是，那只是一种假相的告贷，是一种幻觉的满足而已。所以，学佛的人，不许说神弄鬼地自作灵媒，也不得亲近灵媒，应该依据佛法的指导，自求多福，努力开创明日的前途。

灵媒的力量既然来自鬼神的灵力，而且因为鬼神来去无踪、飘忽不定，所以任何一个灵媒，都可轮番接受许多不同的灵体附身。一旦灵体离身，做灵媒的人，可能变成比常人还要软弱无能的人。如果经常为人赶鬼、治病、禳灾、祛厄，当灵体离身之后，灵媒自己本身就会遭受到恶报的惩罚。因此，凡是灵媒，经常都会恐惧灵体离身而失去灵力。故需常设法请鬼、迎鬼、供鬼、养鬼，保持与鬼灵接触，以达役使鬼神且保护灵媒本身的目的。

32

佛教对神通、异能看法如何?

佛教承认有神通的事实，凡夫可得五通，出世的圣人有六通，佛有三明六通。

所谓五通：1. 能知过去世，叫宿命通；2. 能知未来世及现在的远处和细微处，叫天眼通；3. 能知他人的心念活动，叫作他心通；4. 能用耳朵听无远弗届的声音，叫天耳通；5. 能飞行自在，有无变化，来无踪去无影，瞬息千里，取物如探囊等，这叫作神足通。此由于功力的深浅，使得所达范围的大小和保持时间的长短有所不同，是属于有为、有漏、有执着的，跟解脱道无关。当然，也不是菩萨道，所以圣人必须另得漏尽通。

所谓漏尽，即去我执而证涅槃，小乘就是阿罗汉，大乘是初地乃至七地以上的菩萨。唯有佛得三明，即六通之中的天眼、宿命、漏尽的三通称为明，那是因为唯有佛的神通力，是彻底、究竟、圆满、无碍的，是度众生的方便，不是异能异术的表现。一般外道得到了一些神鬼的感应，能差遣鬼神或被鬼神所差遣，就以为得到了三明六道，是非常幼稚和危险的事。

神通有一定的修法，有的是以习定而发通，有的是以持咒而发通。修定得通，首先是注意力集中，心力增强，用心念把自己身体的官能接通宇宙的磁力和电波，再对于波长的选择性和接收力的训练、沟通到达某一种程度，自然产生神通的功用。这都是在物质范围之内，没有物质的条件，神通无法表现，也无从训练。故以基础的道理而言，唯物论者也能练成神通。

关于用咒力达成神通的目的，则是以特定的某一种或几种咒语来感通鬼神或差遣鬼神，被鬼神所役使或役使鬼神。咒的力量，我们在另一篇中已介绍，是代表特定鬼神的符号和威力，所以，有感应特定鬼神的作用。

这两种比较，前者如定力退失，则通力也退失；后者如鬼神远离或犯了禁忌，通力也会退失。鬼神的力量，可以用两种方式来表现：一是载附于人的神经官能而出现，一种是从耳根的耳语得到消息。载附式的神通和传话式的神通，实际属于感应的范围，还没有到达神通的程度，可是载附式的感应，很容易被认为是他们自己修成的神通，因为不自觉有鬼神附体的感受。

因为神通不能违背因果，不能改变既成的事实，只能够预先得到消息或从远距离得到消息，而作暂时的回避和阻挡。神通也是自然现象之一，它不能跟自然的轨律相违背。所以，好显神通的人，除了显异惑众之外，对于乱世的大局无补，对于混乱的社会无益，对于彷徨的人心无助，反而沉迷于神通现象越深的人，脱离正常的生活越远。

因此，佛世时代，佛不许弟子滥用神通，阿罗汉的弟子们，也并不是都有神通。相反的，若用神通，虽能感化众生于一时，不能摄化众生于长久。而且，善用神通如比丘之中的大目犍连，比丘尼之中的莲华色，分别为罗汉、罗汉尼的神通第一，结果，大目犍连死于鹿杖外道的乱棒，莲华色死于提婆达多的铁拳。故历代祖师从印度到中国，使用神通来传播佛教的不多，甚至可以说很少。这些人，如果在使用神通之后，大概会离开当地或者舍报往生他界。如果常显神通而不收敛，必然招致杀身之祸、枉死之灾和凶死之难，舍寿于非时，这都是违背因果、抗拒自然的结果。

如众人所知，西藏地处高原、崇山峻岭之中，潜修密行，苦修禅定，精练神通之士不少，其中有人能够呼风唤雨、撒豆成兵，以飞剑杀人于千里之外。可是藏传佛教史上，也有过几次的法难，也就是佛法遭受恶王的摧毁和消灭之时，神通即失效。

又据说台湾本岛现在也有不少已得所谓三明六通的异能

之士，可是台湾本岛，几乎年年都有台风、地震、水患以及扰乱大众安宁的黑社会流氓、地痞、强盗、土匪，那些具有神通的人士为何变成了无能为力而且不问不闻？

可见得业力不可思议，共业和别业，该受的仍然要受，迷信鬼神的神通救济，只有增加更多的困扰，损失更多的财产，消耗更多的时间和精力。所以怪力乱神是孔子所不语，识者所不取。在今天社会文明、知识普遍的时代，凡事应以正信的佛法，从事于智慧的开发和努力，不应迷信所谓神通的奇迹，因为，那实际上不过是鬼神现象的幻术罢了。（请参阅拙著《学佛知津》的“神通的境界与功用”）

33
什么是五眼？

我们从某些佛教图像中，可以看到脸部有出现三只眼的情况，也就是在两眼之间的眉心处，另开一眼。事实上，人类不可能有三只肉眼，所谓的第三眼只是象征，也就是在一对肉眼之外，另有心眼。心眼的意义有深有浅，浅的指普通人的思想活动，深的就要讲到五眼了。五眼是除了肉眼之外尚有层次不等的四种心眼。

所谓五眼，是指从凡夫至佛位，对于事物现象终始本末的考察功能。有人称眼睛为“智慧之门”“灵魂之窗”，眼睛能够明辨物象、增长知识。修行的层次越高，心眼作用的范围越广。凡夫经由父母所生的肉眼，能见的距离、范围相当有限，太小、太大、太远、太近，均非肉眼所能见或太过黑暗或强烈的亮度，也非肉眼所能适应。如果能得天眼，便能于物质世界中自在地观察，而不受距离、体积、亮度的限制。

不过天也有层次：有地居天、空居天和禅定天。地居天就是一般民间所信的福德鬼神以及四天王天和、忉利天的天神，空居天是指焰摩天至他化自在的欲界天神，禅定天则指色界和无色界的二十二层次。层次越高，天眼的功能越多越大。所谓天眼的功能，是能见肉眼所不能见的事物，除了不受大小、距离、明暗的限制外，也不受遮隔隐藏或通透显露的限制，它不需通过光影的反映，而是精神力的反射或折射作用。

天眼有修得和报得的不同。一般的鬼神都有深浅程度不等的天眼，称为“报得”。因为没有肉体束缚的鬼神，只有灵力活动，减少了物体障碍。一般的灵媒，也就是为鬼神所寄托、依附的人，就是借鬼神报得的天眼，而能见人所不能见的事物。对人类而言，修禅定或可得天眼，但禅定的目的却不在于修得天眼，虽另有专修神通的方法，但若修得了天眼，也未必表示已入禅定。

天眼的功能除了如上所说的以外，尚有能见未来将要发生的事件现象。那是由于任何现象的发生，已经有它一定的因果关系，由于造下一定的业力，便会造成一定的果报，往往现象尚未发生，而发生那种现象的力量早已形成，如果没有其他因素的加入，那就成了必将发生的事实。所以，具有天眼的人，能够预知未来。天眼的能力越强，能见的未来越久远，精确度也越高。

所谓精确度，就是说明天眼并不可靠，只要一加入其他的因素，未来的事态未必就会产生它的预期结果。这好比两位围棋的棋士对弈，段数越高，所见棋目越多；段数越低，所见越少。但还没有任何两位棋力相当的棋士可以一上棋盘就已经知道胜负的结果。因为世事变量太多，定数只是局部和短时间的现象，万法因缘所生，缘变则变。所以佛法不执着天眼，也不鼓励人为了使用天眼而修成天眼。

所谓五眼，除了肉眼、天眼外，尚有慧眼、法眼和佛眼。慧眼是罗汉所证，见十二因缘、生死流转的征象，所以能出生死轮回，不受身心世界的束缚，离五蕴、出三界。这和世间一般人所说“慧眼识英雄”“慧眼独具”的功能显然不同。世人所说的慧眼，是世间智慧，尚存有“我”的观念，不过比较清澈、明锐、敏捷，而罗汉所具的慧眼是无我、无执的。

法眼为初地以上的菩萨所具，能见万法的本性——法性。亲证诸佛法身之一分，乃至多分，绝不是如一般人所说的具有法术之士就是具有法眼，略解佛法者也称具有法眼。其实法眼和证法身有关，若是仅仅见性，尚不能称为具足法眼，而只能够确信法眼的存在和法眼的功能。

法身遍一切处、遍一切时，它非色、非无色，非有相、非无相，非非有相、非非无相；说是，一切都是，也可说，一切都不是。有执着者，一切都不是；无执着者，一切都是。具足法眼的菩萨，称为法身大士，非凡夫所能想象。

无我有两种，分人无我和法无我。证人无我，离人我执，就是罗汉；证法无我，离法我执，就是初地以上的菩萨。罗汉离人我执、得慧眼、出三界；菩萨更进一步，离法我执、证法身、得法眼、虽住三界，却不为生死所困，称为法身大士。有些附佛法的外道，动不动就说已得慧眼或法眼，其实他们连天眼都不是，而仅是气脉运动的反射作用，或是得自鬼神的灵力而已。

至于佛眼，具足前面四种眼的所有功能，它是智能的全体，也就是大圆镜智的本身，又称为“大圆觉”，也称为“无上菩提”。

34

佛教的授记观念是什么？

授记（ryakarana）是佛教的专有名词，是十二部经的一种，它的意思是预告，是佛对于已发心的众生，预告其必将成佛。本来在帝王制的时代，国王所生的第一个儿子，多半会被预定为王位的继承者，在宣告其继承法定地位之时，也称为“授记”。而且，在印度需要取四大海水灌其顶，以昭告天下，因此称为“灌顶王子”，这是意味着将来他能统治四海之内全部国土与人民。

佛经中的授记是指佛陀为弟子们预告亲证菩提的时间，比如说《法华经》就有一品称为《授记品》，为五百罗汉授记成佛，甚至为恶名昭彰的提婆达多授成佛的记别。佛法的授记思想，在于证明人人都能成佛，不论何人，如能修行佛道，便可依据各人的根性和修行的法门以及勤惰的态度而判定成佛的迟早。

谁够资格接受佛的授记？必定是指位阶不退的菩萨。因此《法华经》中的罗汉，其实是大乘菩萨。不过授记不限于大乘，若修小乘法而证初果以上的圣者，也授必定证得阿罗汉果的记别；就像所谓初果将七返生死而证阿罗汉果，到三果就住不还天，直证阿罗汉果，不再到人间来。

佛能见一切众生心行和修行的历程，并了如指掌。等修行者已经位阶不退，他的前程已经很明白，给予授记，不是预言，也不是猜测，更不是命定，只是像一位导游为旅行者从地图上指出到达目的地的路线、距离以及时限迟早而已。通常学校的老师，对于正常的学生于入学之后，已经可以告诉他们在几年之后必将毕业，这其中没有神秘色彩。

在中国的禅宗，早期并没有授记的行为和仪式，到了晚近的丛林寺院，为了选拔和预定主持寺院的后继人选，在遴选之后，也会举行授记仪式。因为古代的传法授记，传的是心法，以心印心，心心相印，不需要仪式，更不需要文件的证明。接法的人，也不一定会接掌主持寺院的职位。而晚近以来，中国的禅林在授记时，有法卷的颁发，也未必是选拔已有证悟经验的人，授记之后，目的在于传承主持寺院的职位。所以，多半只有授记之名，而无授记之实，已经失去了传法的本意，此不在本文讨论之内。

有若干具有神秘经验的修行者，往往好为他人作授记式的预告。如果仅仅预言日常生活中必将发生的事，那是一般的灵媒、乩童都可以做到的神鬼活计，不足为训。如果为他们的信从者授阿罗汉记或成佛记，那是打的大妄语，他自己非佛，何能为人授成佛记、成阿罗汉记？如果他们自称已经是佛，但在佛经中，没有见到释迦世尊预告，某人在弥勒菩萨成佛之前的某时代成佛为人授记。释迦世尊既然没有为他授记，何以他能够为人授记？时下有许多人自称为佛或大菩萨的再来，他们也能表现出慈悲和救济众生的态度，在他们的内心深处，却为大我慢所盘踞，其实是否定了释迦世尊的教法，并非正信和正统的佛教。正信的三宝弟子，应当有所鉴别。

真正的大修行者，必定以凡夫的身份自许，否则，很可能成为鬼神及魔道的伴侣。释迦世尊强调在人间活动并具有人间身的佛，是人性本位的佛，是人格健全的佛，所以太虚大师提倡“人成即佛成”。

35

佛是万能的吗？

我们可以用一句话来说明佛的智慧和福德的深浅大小，那就是“无知即全知，无能即全能”。无知并不等于愚痴，无能并不等于无力。有和无是一体的两面，有存于无，无涵容有。唯“无”能涵盖全体，“有”则不论是多么深广、远大，都是有限的，不能涵盖一切。

佛陀是福智圆满的人，既是圆满，便不能以形相来形容，也不能以有无来判断。从他本身说，他就是全体，以全体的法界为身，故称为“法身”。法界遍一切处、一切时，法身藏于法界的任何一个时空，已无自我中心的存在，而是以一切众生善根福德的感应，随处、随时以各种不同的形相、方式现前，那就成为化身。既然是化身，就是局部的，受时空限制的，不能代表全体，既不是全知，也不是全能，只有具备善根福德因缘的众生能够接触并感受到他的存在。

但这不是佛的本来面目，而是众生自己感应而得的结果。所以《法华经》说："佛以一大事因缘出现于世。"也就是说，以全娑婆世界的众生共同所有的善根，而感应到释迦世尊的降世。

因此，《法华经》说："释迦是迹佛。"所谓迹佛就是化身，本佛就是法身和报身。释迦世尊既有生老病死和修道、成佛、入灭等等的现象，当然不是真佛。真佛无形、无相，而即一切形相。他跟泛神论的"神"，相近而不相同：泛神论的神是弥漫于一切时空，能够被人爱，而不能爱人。法身的佛，弥漫于一切时空，即一切时空而不属于任何一时空所限，具足一切智慧和福德的力量，能够接受一切众生的需求，作恰如其分的因应，而又如如不动，未有任何造作。所以，从法身及报身来讲，他就是全知、全能而即无知、无能，从化身来讲则不是。

佛的全知、全能并不等于神教所说的"万能上帝""万王之王"，因为对众生而言，佛不能改变众生的业力，只能够教化众生自己努力来改变他们的命运，但也需要看众生本身的条件。这在佛经中也有比喻，佛的慈悲如日光普照大地，不论众生的根机大小，他是普遍地照耀，众生所得的利益则千差万别。与生俱来的瞎子虽然得到阳光照射，但未见过阳光是什么。终生生于地下的昆虫和阴暗处的微生物，虽然也能直接或间接受到阳光的利益，但它们也不能体会阳光为何物。又如释迦世尊在世的时候，在其游行的化区，尚有好多人不知佛为何许人也。三世诸佛在因地行菩萨道之时，都发愿度脱一切众生。诸佛虽已经成佛，但还有无量的众生未闻佛法，所以佛不是全能。

当佛住世期间，也说过不能度无缘的人，不能转众生的定业。所以，在佛陀的祖国遭到邻国琉璃王灭族的大屠杀时，也无法用神通加以救济。但是佛能够以佛法开导众生，使众生自己来修善、积福、消灾、免难，因此，佛度众生，实际上还是众生自度，否则就违背了自然的律则和因果的秩序。

以佛的全知来讲，他知道十法界一切众生的三世因果及因缘的关系，因为佛不像众生有时间的久远和空间的广狭。他在任何一个时间、空间的点上，都知道全体的一切，因为他的任何一点，对众生而言，都即是全体的时间和空间。对佛而言，则非任一时间和空间所属。众生通过记忆而知道过去，神通乃凭感应而知道过去和未来，佛以全体的实证而知道一切，但不能在同一时间用语言加以说明。佛所见的空间和时间是全面的、整体的，没有距离远近和体积大小的。所以佛说任一众生的过去和未来，佛都知道，但是虽以无量无数恒河沙劫，也说不能尽。所以，除了少数的例子，在佛经里头，并未逐一加以追溯。

佛不多说过去和未来的事，只要掌握着当下的一念，实际上就是涵盖着从众生到成佛为止的历程，以及他活动空间的全部。因此，他以心为理体，掌握理体原则，开发心的智慧，就能达到全知的目的。虽然全知，但不必说是万能，因为佛的境界叫作不可思、不可议，不可以用心意去思考，不可以用语言去议论。

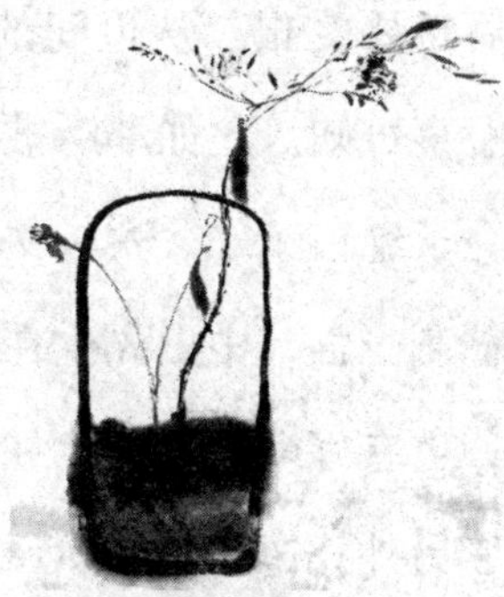

36

成佛以后也要受报吗?

是的,成佛以后也要受报。从世间的圣人和伟人来看,也都有许多的不如意事可知。比如耶稣被他的门徒出卖,最后钉死于十字架;孔子绝粮于陈、蔡,文天祥受诛;美国的林肯和印度的甘地被刺身亡;中山先生在伦敦蒙难等。在释迦牟尼佛成佛前后,也有好多磨难,比如六年的雪山修行以及最后的树下降魔,另外托钵不得食、风寒而背痛、女人诬陷,他的弟子提婆达多落石伤其足,以释迦族遭受灭亡而头痛,临涅槃前因误食有毒的野菌而腹痛如绞等。佛的弟子更不用说,证得阿罗汉以后,也有受报的记录,如神通第一的目犍连尊者和莲华色比丘尼都是被人活活打死。

这从东西方的宗教看,各有其理论和说法,所以圣人受难,正表现了其伟大人格和伟大事业的成就之不易。基督教说耶稣是为了人类赎罪,佛教则有不同的理论依据。这可以从两个方面说：一是法身示现，以作为凡夫的榜样，表示凡夫也能成佛。佛由人成。所以，人类所有的苦、乐、祸、福，示现为人间身的佛也同样有。虽他自己本身没有苦、乐、祸、福的障碍，但为了诱导正在苦、乐、祸、福中的众生走上修行佛法的大道，所以，方便示现同于一般的人类。

人在人间必定有他的身体，有身体必定会遇到身体的所需和所忌，两者产生冲突，就会发生磨难。所以，孟子说："天将降大任于斯人也，必先苦其心志，劳其筋骨。"如果不假辛劳而获得佛果，不遇磨难而成为佛，那就没有修行的必要，也显现不出圣人之伟大。所以，在佛成道之后，虽具足六通，圆证三明，他还是在人间托钵、游行，他的衣、食、住、行完全同于人，生活所需也同于人，弟子向佛问讯的时候，也会说："众生难度吗?""身体健康吗?"确少见到佛陀使用神通来解决众生及自己在现实生活中的问题，只是用智慧、以人间通用的方式解决人间的问题。

二是从最后身的菩萨或最后身的罗汉来讲，他们从此以后，不再受到三界中生死的约束和苦难的左右，因此，必须要把无始以来凡夫位中所造的一切不善业全部清理偿还。这也等于佛世的时代，规定俗人若发心出家，必须在清偿了一切债务、责任和义务之后，若是犯罪、负债、父母不允、妻子或丈夫不许者，均不得出家。到目前为止，要来我们寺院出家的人，也要求他们首先把所有一切世俗的钱财关系、感情关系彻底清理之后，才可进入寺院。所以，在成佛之前的最后身菩萨，固然要接受往昔的业报，初成佛时，虽然心得自在，不再受到烦恼的困扰和苦乐的影响，但是他在没有进入称为无余涅槃之前的身体之前，还是在人间活动，还是会受到物质世界的影响，那就是最后果报的承受。

不过心得解脱的佛，身体虽然跟一般的常人一样地受到痛、痒等种种反应，但是不会因此而生起喜、怒、哀、乐的烦恼。所以，佛的受报和常人的受报迥然不同，受报是对因果负责，解脱是从烦恼得到自在。如果大乘罗汉、菩萨以及诸佛乘愿来到世间救济众生，那是化现，不是受报，从凡夫看他们，也有生、死、衰、老、病痛等现象，他们却未受到这些现象的困扰。

37

先度众生好，还是先成佛好？

根据《地藏菩萨本愿经·阎浮众生业感品》的记载，地藏王菩萨在无量劫以前，曾为一小国国王，与其邻国的国王为友。当时两国的人民，多造众恶而不修善行，二王计议，广设方便，救济他们。一国王发愿早成佛道，然后度脱如是众生。另一国王发愿先度此等罪苦众生，令得安乐，至于菩提，然后自己成佛。发愿早证佛道的国王，就是后来的一切智成就如来，已在距今无量阿僧祇那由他不可说劫之前成佛。另一国王就是后来的地藏王菩萨，以迄于今，尚未成佛。

由这两个例子，所以有人要问："究竟是先成佛道好，还是先度众生好？"

此与各人的本愿有关，一切智成就如来，在因地做国王时所发誓愿，只说早成佛道而度众生，未说先成佛道后度众生。也就是说，愿他于菩萨道的圆满之时即成佛道，成佛之后还度众生，他在成佛后的寿命长达六万劫，当然被他所度的众生不可计量。当地藏菩萨在因地做国王时，所发誓愿是：不愿早成佛道，而愿先度一切众生，故迄于今，仍是菩萨身分。未愿遵循通常菩萨道之三祇百劫的时限，这是出于他个人的悲愿，不是说众生成佛都要像地藏菩萨，或者都要像一切智成就如来。

菩萨依愿力受生，众生依业力受生，菩萨为救度众生而往来于三界，众生是为接受罪报和福报而流转于三界。菩萨虽在三界，却是已得解脱的自在之身，众生是被生死业报束缚的可怜悯者。圣位的菩萨，既是自由自在，那么对于先成佛道或先度众生已没有不同了。所以，地藏菩萨的“地狱未空，誓不成佛”，在诸大菩萨之中，悲愿第一。至于其他的菩萨成佛，依照通途乃是经过三大阿僧祇劫菩萨道之修行。

所谓菩萨道，即是发愿上求佛道，下化众生，所以不是说不度众生就能成佛。《地藏经》所说的一切智成就如来，发愿早成佛道，也没有说不经过三大阿僧祇劫的修行及度众生的阶段。只是比起地藏菩萨尚在无量劫中行菩萨道，一切智成就如来是早成佛道了。据此可知，早成佛道救度众生与度尽众生方成佛道，两者皆系出于诸佛菩萨不同的悲愿。

38

佛为什么要度众生？

《金刚经》说："彼非众生，非不众生。"又说："众生者，如来说非众生，是名众生。"又说："实无有众生如来度者，若有众生如来度者，如来则有我、人、众生、寿者。"所谓度众生是佛在发成佛大愿的时候所立的誓愿，也是在没有成佛之前尚有自我中心的时候所抱持的心愿，所以在未成佛前的凡夫或菩萨，是有众生可度的。

可是，在成佛之后，既没有了众生，也没有佛，否则便是对立。既然有能度与被度的关系，便不圆满，并没有亲证法身的全体，因为一旦亲证法身的全体，那就无内、无外、无彼、无此。例如任何一滴水从海而来又回到海中去，从大海看，所有的水是属于全体的，只当每一滴水自己看，才看到不同的河流、雨露、霜雪、冰雾。所以《金刚经》又说："善男子、善女人，发阿耨多罗三藐三菩提心者，当生如是心：我应灭度一切众生，灭度一切众生已，而无有一众生实灭度者。”

未成佛时的发心菩萨，都要度众生，故有众生可度。因从菩萨的立场来说，一定有众生可度。到了初地以上的菩萨，虽已经知道没有众生可度，但他还要度众生。到了八地以上的菩萨，则是自然运作度众生，自己却已经不再有度众生的努力心。因此，到了成佛之后，便已不度众生，实无众生可度，而是众生自度，以其善根、福德、因缘的多少，而能感得佛与菩萨的化现而做救济，那是众生心中的佛与菩萨，不是佛与菩萨的本身。

所谓善根是众生本有的，但是不加以培养，不会增长、显现，越是努力精进求法，越能感应诸佛菩萨的慈悲摄化。所谓自助而人助，唯有众生有求，才能感得诸佛菩萨的应化。佛教常以如人撞钟为喻，轻轻地撞，就小声地响，重重地撞，就大声地响。钟有响的功能，如果无人去撞，它不会自响。所以，众生如果不自己努力，增长善根，虽然佛的法身遍在，也不会帮到你的忙。

所谓增长善根，就是要发菩提心，也就是说众生自求成佛，即得佛的教化、感应。当自己成佛之后，就接受一切众生的感应，而非佛去感应众生。所以，一切诸佛成佛之后，他是全知、遍知的，因此名为正遍知觉，有求必应——众生有求，诸佛必应。

佛度众生不是以知识度众生，所以佛的全知，并不是说佛需要知道众生所具备的一切知识，也不需要通过众生经验中的逻辑理念等的思想，因为他是整体的，众生是局部的、个别的，他能给众生一切，但是不需要学习众生的东西，而是众生需要的，他就直接给予。因此，种种根器的众生，就能得到种种佛法的利益。人间所谓的分析以及归纳，这都是从个体、局部为着眼，佛的心量既然是全体，就不能用凡夫的知见去解释、衡量佛的正遍知觉。

人间所见的佛，比如说释迦牟尼，从理论上讲是化身佛，在人间像人，在天上像天，至地狱中像地狱，在任一类的众生当中，就像那一类的众生。他是有形相的、局部的，需要经过学习，才具备人类所有知识，用这些作为度众生的工具，而使得众生受益。他同时可以在无量无数的地方，显现无量无数身，度无量无数众生，而他本体法身是不动的。因此，我们不可以说，由于化身的佛有生有灭，就说法身的佛有来有去；也不可以说，化身的佛需要具备人类的知识，而法身佛就因此而有限。其实化身的佛，也就具备正遍知觉，因为他不离法身，所以不能够说。正遍知觉的法身佛，是以凡夫知见，所见化身佛的知能，而称为正遍知觉。

39

广结善缘怎么讲?

“缘”是关系的意思。建立关系称为“结缘”，彼此曾有交涉的关系称为“有缘”，自利利他的关系称为“善缘”，不涉私欲的关系称为“净缘”，造成众多的善缘与净缘，称为“广结善缘”。

因此，就有人在信佛、学佛之后，到处跑道场，见人就结缘，变成了疲于奔命、忙于应酬，毫无原则地护法、说法、弘法。如此出钱、出力而无自修的方法，也没有固定的依止，从表面看，他们的确是结了很多人的善缘。但事实上他们对人、对己、对道场，都没有做到比较深入有力或有效的帮助。虽然处处都可以看到他们，但不一定处处都需要他们。虽然许多人都可以接触到他们，却很少有人能真正从他们那儿得到有力的帮助。

这种结善缘的方式，就好比用一碗饭布施一个人，可以勉强吃饱；用一石米布施一个人，可以维持半年的生活。相反的，如果用一碗饭布施一百个即将饿死的人，结果是没有一个人能够活命。但是，若以此碗饭布施一个人，至少还能使这个人多活一天。因此，若以一斗米来布施一万个即将饿死的人，固然是广结了善缘，但结果是没有一人能够多活一天。所以，广结善缘应该是有原则且量力而为的。如果有力量救济全世界而不虞匮乏，那就应该无限制、无分别地平等布施，无远弗届，无微不至。如果仅有微弱的力量，则应该集中起来，选择急需援救和护持的对象，比如说和自己比较熟悉、亲近、关系较深的人，即家人、亲人、师长、友人等为优先，否则，自不量力地去广结善缘，是不切实际的。

若从三宝的立场来说，广结善缘是指无差别的平等布施。也就是用佛法教化众生，有教无类，不论程度的高下、财富的有无、权势的大小、地位的尊卑、智慧的深浅，对他们都是有求必应。因此，三宝接受一切供养，绝不挑剔，任何人只要发心供养，不论数量多少，也不论财物品类，都是以慈悲心、欢喜心来接受。在释迦世尊的时代，出家弟子便是如此，他们每日托钵乞食，挨家挨户，贫富不拘，也不拘食物的种类、质量，有什么就接受什么，有多少就接受多少，直至满钵或适量即止。这就是以平等心广结善缘，又称为“一钵千家饭，广度有缘人”。布施他人固然是结善缘，接受布施也是结善缘。

由于一般人的财力、物力、体力、智力和时间都很有限，所以如果盲目无原则地广结善缘，不但效果不彰，还可能会招致无谓的困扰。有的情形是，虽然自己已竭尽全力，甚至已影响到家庭的生计、个人的健康，但所得的回应却是令人怨愤、遭人猜疑，如此的结果更可能因此而丧失了信心和道心。世尊曾于《遗教经》中告诫弟子："比丘乞化人间，应如蜜蜂从花间采蜜，不得损伤到花朵的颜色与香味。"因此，居士们若不自量力地广结善缘，则三宝虽无意伤你，你却可能因三宝而受到伤害，求升反堕，岂不愚痴！所以，护持三宝应该有中心、有重点、有原则。应救济贫病，但也该有轻重、缓急之分，远近、亲疏之别，不能不切实际，一味地讲求平等布施。

其实，原则性和重点性的护持、布施，也是广结善缘的方式之一。例如：成就一人成佛，佛能广度众生，你也就间接地与一切众生结了善缘。所以《四十二章经》中说："饭凡人百，不如饭一善人；饭善人千，不如饭持五戒者一人；饭持五戒者万人，不如饭一须陀洹（初果圣人）。"乃至饭一已至无修无证程度的大解脱人，功德当然更大，以此类推。供养、布施、护持三宝，可分为两个重点：

（一）对于整个佛教的现在和未来有大影响的人、物及其事业的护持，就是广结善缘。

（二）对于你所尊敬的佛教人物及其事业，纵然是默默无闻，只要是值得你尊敬而愿意护持的，就足以证明此人物已有潜移默化的功能，这也是广结善缘。

由此两点可知：对于著名的佛教人物及其事业的赞助护持，未必就是锦上添花；对于无名的佛教人物及其事业的供养、布施，也不可以存有雪中送炭的念头，最重要的是能够掌握重点及量力而为。

40

“结缘”和“了缘”的意义何在?

佛教只说结缘和了业，那是指结善缘了恶业，没有“了缘”的说法。

结缘的意思，是对没有善缘或善缘不足的人，使他主动或被动地接受世法的帮助和佛法的引导，大家增长善缘，彼此互助，走上学佛、修行成佛的路。因此，尽自己之所知所能与所有，跟我们所接触的人和众生广结善缘，是应该的。不过，结缘并不是投资，而是施予，不该想到回收。以一己之力广结善缘而影响他人也广结善缘，就是布施，小则能够造福自己当下所处的社会，增进彼此的幸福，大则可以影响一个国家乃至全世界，成为人间净土。

至于“了缘”，这是一个似是而非的名词，是由于因果观念受到民间信仰的影响而产生的误解。本来善有善报、恶有恶报是对的，你对我好、我对你好也是对的，结果却由男女彼此恩爱而衍生为彼此互欠，而既然互欠，就应该再来结为夫妇，互相偿还，于是成为所谓的“了缘”。流行于民间的武侠小说、神怪小说以及各种故事传说，都有三世夫妻、七世夫妻等的说法。既是三世夫妻，那么做了一世夫妻，应该还有二世；做了二世夫妻，也还有一世，要做完三世之后才能分手。有些民间信仰的鸾坛和乩童，以及无稽的命相和江湖术士，以如下论调告诉人：要了宿世姻缘，一定要和某人配为夫妇，如果不接受这样的安排，就会发生家庭变故乃至生命危险。有些神棍也就借此而说了一度缘、数日缘乃至数年缘，使异性受骗失身。

根据佛法，男女之间的关系既然有恩有怨，永无了期，那就不仅是三世七世而是无量世。所以《梵网经》说：“一切男人是我父，一切女人是我母。”也可以说，任何异性都曾经是我的配偶，那是永远了不完的恩怨。只有恩而没有怨的夫妇是很少的，何况即使彼此有恩无怨也是情执，既有情执，就难以舍离，岂止是三世夫妻、七世姻缘？应该是无量世的恩爱关系。唯有彼此因缘成熟而业力相当才能结为夫妇，如果把违背社会伦理的男女关系称为了缘，既为世法所不容，更为佛法所不许，那会使更多人受到不良影响，是造了更多的恶业。佛法说应结善缘而了恶业，凡是易于产生恶业后果的任何因缘，避之唯恐不及，怎么还敢玉石俱焚、自毁毁人？因为非分的男女关系，都会为对方、为第三者乃至给更多人带来灾难，所以“了缘”的说法不知害了多少人。

冤家宜解不宜结，不正当的、非分的、为社会伦理所不许的男女关系，都应视为冤家相逢、恶业显前。切勿听信“了缘”的说法，应该相信“了业”的观念。那就是欠人的应该还，对所有逆境鼓起勇气加以解决，还债越多负担越轻。我们并不认为凡是男女关系都是造恶业，事实上正当的夫妇是人间伦理的基础。但是，如果鼓吹了缘而影响善良风俗，那就是造恶业，不仅来生不能成为夫妇，更会遭受可怕的恶报。

出家人，不论男女，也会受到异性的挑逗、引诱或试探。出家人都是凡夫，都不是离欲的阿罗汉，所以佛经中说男女之欲最可怕。如果追究我们每个人的过去因缘，都曾是无量众生的眷属；若要了缘，就得跟一切众生继续不断地成为夫妇，根本不可能有出家的机会。因此，如果出家人也相信了缘，那就没有一个人能够出家了。出家是以信心和愿心作为支柱，自己愿意出家，就要把男女关系视为恶因缘坏果报，不让它永无尽期地继续纠缠。应该拿出智慧之剑，斩断男女的情执，这才算是真正的了缘吧！

41

神道设教也是佛教吗?

不是的。但是，很多人由于神佛不分，把民间信仰视为佛教信仰的同类，而且佛教信仰中，也掺杂了民间信仰的现象，以致佛教时常被误以为是神道设教的亚流。

考察“神道设教”的原意有两种：一是《易经》所说的，君主顺应自然之理以教化人民：“观天之神道，而四时不惑，圣人以神道设教，而天下服矣。”又如孟子所说：“天视自我民视，天听自我民听。”在位的君主称为天子，顺应天命而治理国家，都是神道设教之意。二是利用鬼神以统治并教育人民，这是《后汉书》所说：“急立高庙，称臣奉祠，所谓‘神道设教’，求助人神者。”前者的神道即是代表自然法则的运行，后者的神道是以特定的鬼神信仰，给予人类的启示和指导。前者尚是理性的，后者即属于盲从的迷信了。

中国的宗教，始终是在理性和迷信的交杂之中，继续发展下来，所以从未产生过像基督教那样的一神信仰，也没有出现过理性主义的宗教，如印度传来的佛教之被全面接受。虽然孔子主张“子不语怪力乱神”，中国的民间，乃至于士大夫阶级和许多的君主，还是会或多或少地接受鬼神信仰。所以，本文所谓的“神道设教”，是指鬼神以神仙佛祖等名目，通过鸾坛的迎鬼降神、灵媒的鬼神附体所谓仙佛借窍等现象而形成的民间信仰。但它的信从者，不一定仅是一般的庶民。

神道设教常被称为淫祠的原因，是它能够泛滥成灾、惑乱人心，这种现象可能是真有鬼神的降灵，也可能仅是出于灵媒、乩童等巫师、术士的操纵。即使真有鬼神降灵，也会由于各类鬼神的福德、智慧的大小不同，善恶不定，而使同一个鸾坛或同一位灵媒在不同的时候接收到不同鬼神的降灵，而得到不同的指示。他们没有统一的、稳定的所谓常经、常理、常法，所以，不能作为知识理论的标准和社会道德的依据。如果是出于灵媒、术士的操纵，那情况更为严重。他们能够翻云覆雨、颠倒黑白，也能够救世济人、益物利生，信从者越多，他们的“灵力”越强。若为野心家所用，即成为乱世的祸种，清平之世，若为治世者所用，也可成为造福人群的力量。因此，自古以来对于神道设教的认识是：“水能载舟，也能覆舟。”神道设教虽能助人，亦能毁人，所以明智之士，都应抱着“敬鬼神而远之”的态度。鬼神如小人，既不可以得罪，也不可以亲近；鬼神出尔反尔、喜怒无常、善恶不定、邪正难辨。信之者虽然有若干的灵验可观，却不是绝对的可靠。如果是出于灵媒、术士的蓄意安排，那就更为可怕。历史上所谓妖邪乱党、妖言惑众者，就是出于如此的神道设教。

灵媒、术士的第一代，多系得之于偶然的降灵。他们的继承者则需经过训练，多半是选用儿童和少年，给予特定的技术训练。从训练过程中，使他们学会如何接受鬼神附体，在日积月累之后就会形成一种自然的习惯和反应。到时是不是真有鬼神的降灵和鬼神附身，并不重要，重要的是降灵时的仪式、气氛和心理反应。在一定的仪式、气氛之下，就有特定的心理反应，所以能够接受操纵者的暗示，而以为是神的意志。灵媒若系成年人，他想什么就会出现什么；若系儿童，他会接受操纵者的暗示和平素训练的灌输而有所反应。所以这些现象可能是鬼神的降灵，也可能是精神病患者或者出于巫师、术士的安排。

巫者、术士、灵媒可能是读过一些诗书的，也可能没有受过教育。但有一个共同的现象，那就是他们的第一代很少是训练出来的，而是出于突然的鬼灵附体。即所谓仙佛借窍，为一些无名鬼神，冒替某一民间熟悉的神灵之名，用他们来作为表现灵力的工具。他们也真的能够知道一些过去的事，并预言未发生的事件；能够为人治病、劝人行善、教人免难，这就是为什么一般人会“信巫不信医”“信神不信人”的原因所在。但这种灵验似是而非，可靠率很低，大概是百分之五十，最多百分之六十到七十，可是只要少数人经验到受用，便会口耳相传，而造成香火鼎盛、信者蜂拥的现象。

灵验的可靠率，多半也与求神者的心理有关。求助心切，便可从降灵的仪式和气氛中得到“灵力”的反应。灵媒、术士，也会在那些无名鬼神的指导下进修，进修越久，所知有关的宗教、伦理、道德、星相、医卜等常识也越多。所以，他们能够写诗句、开药方，也能说出各宗教杂陈的伦理观及宗教观，能够使人信以为那是什么大神降坛。其实，凡是鬼神都有一些报得的神通和感应的灵力。鬼神不需要经过学习，就能摄取当时现场中人们的观念、知识、技术和学问，就地取材、随取随用。他们并没有自己的理想，他们所要表现的只是自大、自尊、我慢等态度。

如果是第二代的灵媒、术士传承者，也就是前面所说的，从青少年和儿童中选择而予以训练。这些人多少要带点神经质、敏感、多幻想等特性，经过一定技术的训练、学习，再经过特定观念的传授、灌输之后，就是没有真的鬼神降灵，他们也能够出口成章、落笔成文、看病处方、批示命相、预言凶吉等，但这类的可靠率就更低了。唯因信仰者已经习惯了依赖这种降灵的所谓神示，也就很难以客观的态度加以考察和追究。同样的，类似这些受过专业训练的灵媒等，在仪式进行时神智恍惚，多半也无法分辨那些降灵运作的现象是出于他们自己的意志，还是真的来自所谓仙佛借窍的鬼神灵力。

当然，如果是和他们自身的名、利、物欲、嗔爱等有关的话，他们必然知道是在借口仙佛借窍而说他们自己想说的话。正由于这种原因，神道设教虽有其作用，却不足以信赖。

42

佛教称为无神论的意思是什么？

这是宗教学上的一个专有名词。世间有两种无神论，一种是唯物的无神论，一种是佛教所说的无神论。

唯物无神论否定一切精神的独立存在，也不信有鬼神的世界。而佛教所讲无神论，是说诸法由因缘所生，宇宙万物由众生的共业所成，承认有精神、有鬼神，只是不以为有一位如一神教所说的全知、全能，主宰创造宇宙的，既是最初也是最后而唯一的神。

神的信仰的分类，从宗教学上，可分作多神、二神、一神、泛神以及无神的信仰。多神是一般的民间信仰，没有组织、没有体系，是原始民族的宗教形态，也是地域性的宗教形态。例如：中国民间的神，分作地方的、国家的。地方的又分作祖先神和自然神，它们的名称和形象，可以因地、因时而异；国家的神是全国和全民族的元祖或山川日月。

至于二神信仰，是把善恶分为两种势力。最初是两个敌对民族各自将己方的保护神视为善神，而对方的则为恶神，后来经由各民族的统一之后而形成了二神的信仰，那便是恶神为魔鬼，善神为上帝；不过，既崇拜魔鬼，也崇拜上帝的宗教，在世界上只有波斯的 B 教。基督教虽然也相信魔鬼和上帝永远的存在，但是只拜上帝，不拜魔鬼，有二神教的内容，只取一神教的形式。

所谓一神教是说，万物由一神所创造、控制、毁灭，神有大能、权威来主宰万物，正如中国人所称为的造物者，基督教所说的耶和华。基督教虽然也相信有天使、天子、天女、天神，那是唯一上帝的扈从，也是唯一上帝的创造物，不可能成为上帝的继承人和与上帝相等地位的另一位大神。

至于泛神，是哲学家所相信的理念之神，它是宇宙的本体，自然的法则，并没有人格的形象，却是万物所出生和所回归之处。神不能有意志地爱人，人有责任和义务服从和敬爱神。

至于无神，本文刚才已说有两类。一是唯物论的无神，认为宇宙人生的一切现象，都是由物质运行所产生，除物质的活动之外，没有离物质而存在的灵体。人在出生以前，没有过去，死亡之后，没有未来，如果说有，是肉体遗传的源头和延续。对个人而言，人死如灯灭，纵然也承认人在世间时所发挥的精神力量，不论是学术的、政治的、艺术的，都能够影响于后世，但那是物质，而不是精神。人能够怀念古人，古人却不知道我们怀念他，因为他们根本已不存在，怀念古人不为慰灵，乃为见贤思齐的自励励人。

佛教的无神论主要是基于诸法从因缘所生的现象，说明众生是由业力感得的果报。每一众生，各自造业，个别受报，而许多众生，于往昔生中，曾造无量业。同类的业因，感同类的果报，出生于相同的环境，这就是佛说众生无尽、世界无穷，是众生的自作自受。

我们的世界属于太阳系的范围之内，是由地球人类及生于此界的其他众生，往昔的共业所感，并不如一神论者所说是神创造而来。而对于神的认识及神的需求，实际上是因人的需要而有。全知的一神不是真的，但不能说他即等于无神，从信仰者说，他是有的；从被信仰的神而言，他可能是大力的鬼神、大福德的主神或来自于他方世界的天神。他们不只有一个，因此，一神教的信仰者们，本身就有分裂，对于一神的形象、理解和感受都不一样，因人而异、因地而异、因时而异，因此一神信仰，其实是多神信仰的升格。

佛教的无神，并不否定多神、二神乃至于一神的信仰和作用，只是把它们当作众生的类别，所以《华严经》《地藏经》乃至于《阿含经》等，都讲到鬼神。佛教不是“无鬼神论”者，而是不以为有独一无二主宰宇宙的创造神。

43
一神教的上帝是假的吗?

不，是真的！从宗教的经验而言，能够创立一派宗教的教主，一定不会说谎。他见到、接触到活生生的上帝，这使他无法否认上帝的存在，所以才有坚定乃至狂热的信心来为他的信仰做倡导，亦即所谓传道。

那样的上帝，我们只可以把他解释为那些宗教家们内在世界的经验，而未必就有客观上帝的存在，因为对于不信的人，上帝就不存在。可是，不信或没有见过上帝的人，也没有否定上帝存在的权利，好比没有登陆过月球的人，没有权利说航天员从月球上取得的各种资料是子虚乌有一样。因此，基督教强调“见证”，就是强调宗教信仰的经验。

可是，依据佛法，宇宙是由众生的共业所完成的，不是由一个全能人格的上帝所创造，所以，佛教被称为“无神论”。但是，无神并非否定上帝的存在，而是说上帝没有创造宇宙的事实，因他也是宇宙间的一分子，是众生之一，非如基督教所说是宇宙的根本、开始和最后。所以，佛教不否定上帝的存在，只认为不是仅因上帝而有宇宙的。

既然如此，是否意味上帝说谎了？一神教的信徒们受骗了？不，上帝没有说谎！因为凡是神都有慢心。福报越大品位越高的神，自信心和我慢心也越高越大，这在密教称为“天慢”或“佛慢”。某些心理脆弱的众生，需要强有力的神的保护和恩赐，给予他们希望与安慰，而神因人的需要，也必须表现出坚毅无限的自我价值。因此，不论神或人都有这种本能或需要，在此情况下，神造宇宙就成了宗教的真理。

如此说来，是否“神创宇宙”的说法，仅是神的宣称而已？这是另一个问题。他可能知道，也可能不知道。在佛经中有这么一个故事：大梵天见到释迦牟尼佛，承认自己没有创造宇宙，可是，他想众生依然认为他是宇宙的创造者。在任何一神教的圣典中，从来没有透露过上帝未造宇宙而自谓造了宇宙的消息。这好像今日工商社会中有些明智的企业家谦称，他的公司业绩是由全体员工和社会共同促成的，并非靠他个人完成，他只是提供资本、智慧和时间的一个分子而已。公司虽然因他而成立、发展、成长、成功，但他还是表示既然取之于社会，应该用之于社会。这样的企业家，就像是见到了佛的大梵天，他开了智慧，消了我慢，不以自我为中心，奉献自己，利益大众。相反地，有更多的企业家表示，公司是他创办的，员工是因他而得温饱的，社会是因他而得到幸福的，这都因为他有个人的智慧，赚取了足够的资本，经营了恰到好处的事业所致。像这种人，就是一神教的上帝，他们其实并没有骗人!

上帝有没有创造宇宙、信徒有没有受骗，都不是问题。如果未曾创造宇宙而愿意承担宇宙间所有众生的痛苦，给他们恰如其分、适得其时的救济，那不就是菩萨吗?如果信徒真的受了骗，可是他们终究得到安慰和鼓励，那种受骗还是值得的。如曹操所导演的“望梅止渴”的故事，不是有用吗?《法华经》中所说的“化城”，就是为了诱导胆小而无自信心的小乘人，而说阿罗汉、辟支佛法，让他们先求解脱，然后再告诉他们应该成佛。小乘的解脱等于是长途旅行中的旅馆，让他们休息一下，消除疲劳，第二天再继续上路，走向前途更远的佛道。可见佛的小乘法也是“说谎”，能够因受骗而学佛，也正是教化的方便。所以，我们不要反对一神教的上帝，骗人或受骗，只要有用都值得，但看你愿不愿意受骗而已。

44

密教是什么？

根据密教的传说，密教是由大日如来毗卢遮那佛，传金刚萨埵住于金刚法界宫，成为第二祖。释迦世尊入灭后八百年，有龙猛菩萨出世，开南天铁塔，亲从金刚萨埵面受密法，成为第三祖。再传第四祖为龙智。再过数百年，龙智七百岁，传第五祖金刚智，那就是中国唐玄宗开元年间来华的三位密宗高僧的第一位。所以密教不是释迦世尊所说，而是直接由法身佛所说，因为法身不说法，故称密教的传承为密法、根本心法或无上大法。密法由凡夫传承是不可能的事，因此而称密宗的传承者为金刚上师、大成就者。

但从佛教的历史看，密教的起源是印度的民间信仰，最后发展成密教或密乘，则属于印度晚期大乘的事。它以佛教大乘思想的理论为基础和根本，引进了印度教的观念和修法。

密法可分为杂密、事密、瑜伽密和无上瑜伽密。杂密类似民间信仰，事密已经有组织化，瑜伽密跟禅定相应，无上瑜伽是跟当时印度教的性力派结合而完成。所谓性力，即是以男女性的交媾或观想，两性双身双修，成为方便和智慧的圆满集成。以女性代表智慧，以男性代表方便。

佛教以离欲为根本，无上瑜伽却要透过淫欲的事实以达解脱的目的。这对修行者的要求很高，却也导致少数修行者行邪淫。所以，后来宗喀巴加以改革，予以废除，禁止以男女的性交行为作为修行的方法，但仍有少数教派依旧采用，不过修法要求必须完成前三步修行后才可以修无上瑜伽，否则后患极为严重。

密教本身是以当时印度的时代背景和后来藏地环境而形成的，我们不能说藏地的密教不是佛教，除了无上瑜伽的这部分，他们的教理和行法，组织严密，层次分明，特别是在教理方面，以中观为根本，以瑜伽为辅佐，这是汉地佛教所未见的。他们对于僧侣的训练和教育，也极其严格而有系统化、层次化，所以有坚定的信心和一定的法门。但在蒙藏地区，称为活佛的，也未必一定有修证及学问。

密教的上师，就是法的传承者，是直接从金刚萨埵或者是佛的法身传承下来的。他们不能自称为上师，必须师师相承、口口相传，必须修完一定的坦特罗，而有传承者承认他已得了大成就，才可以成为上师。绝对不是鬼神附体、无师自通，不是仅懂得一些咒语、表现一些灵异，就能够自称为上师的。

问题也出于此，密教的源头，开始便是如此，这使得佛教无法保持门庭的清明，任何人均可能假借佛菩萨的降示而自称为上师。不过在西藏，因其已有严密的制度，不易滥冒，所以，还是可行。而西藏以外的地区，藏密各派的领袖和组织的力量，已经无法达成鉴别、鉴定和监督的责任，以致密教风行之区，上师纷纷自立。

在西藏最早传承密宗的是在家人，比如莲花生大士，是红教的创始祖，传说中他是有妻子的，以后红教的喇嘛、上师也都是在家人，所以上师由在家人担任，是为西藏的特色。他们皈依四宝，也就是佛、法、僧之上，加上上师。三宝不重要，上师才是信仰的中心，他就是本尊，就是佛，而代表佛的报身。若不通过上师，便无从接受佛法，此虽有密教自己的理论，却为显教所不承认。它类似于神教的天使和上帝的代言人身份，与平等的佛法不相应。

上师也有女的，在西藏已是这样。但现在也有人说，男性的弟子，若想修无上瑜伽时，最好上师本身是女的，因此，就有称为上师的女性，借口传法而跟男性弟子发生淫乱关系的情形。

上边已经说过，以男女性行为作为修持的法门，不是佛法，非清净法，对我们的社会而言，也是一种应该禁止的事。所以，自古道家修房中术，必有房外的护法，必须财力与势力兼具之人，才能做到。普通的道士，没有这个力量，否则淫风所至，绝非社会之福。虽然，他们修持者本身，不以此为淫乱，而是达到身心统一、内外统一、男女界限统一的目的，不是为了满足性的快乐和享受。但在中国，始终没有将之当作正大光明的一种修持方法。而所谓统一也只是暂时的统一，属于一种忘却小我自我中心的情况，并没有达到断除烦恼的程度，当然没有解脱，更没有成佛。

一般所谓即身成佛，在中国天台宗也讲到成佛有六种层次——理即佛、名字即佛、观行即佛、相似即佛、分证即佛，乃至于究竟佛。若说一般众生就是佛，是理即佛；学佛之后，已经知道自己是佛，是名字佛；开始修行，称为观行佛。因此，密教的即身成佛之说，也就不足为奇。若一修密法，略有觉受就能成为究竟佛，这在密教自己也不会承认；如果是的话，最多是观行佛。连宗喀巴也不会承认自己是究竟佛。

对密教而言，气、脉、明点，极为重要，这是印度瑜伽术的共同要求，修定必须健康、强身，利用打坐或观想方法达到气脉畅通，也是内外道的共同现象。所谓明点，和道家所说的还精补血、还精补脑有类似之处。精力充沛而能气定神闲、头脑灵敏、身心舒畅。显教的禅者，虽不蓄意去修炼这些道术，也会有类似的现象发生。

密教的修法中，一部分内容所谓即身成佛，和道家的所谓羽化登仙和白日飞升，同样是以肉体的转变为修炼的目标。可是从佛教的根本观点而言，色身是五蕴假合而成的幻法，所以称为“无常法”，既是无常法，必须解脱；若执着无常法的身体为修行的终点，那仍在生死当中，而不出三界。所以，禅宗称修炼这些法门的人为守尸鬼，纵然传说中的龙智活到七百岁，正像中国道家传统中的陈搏活到八百岁，终究难免一死。所以，佛教不否定气、脉、明点的作用，也不肯定气、脉、明点的必要。

至于西藏喇嘛和南传上座部比丘，不拒肉食，甚至必须肉食，这是受他们社会环境和自然环境的影响而成，我们不必苛求。西藏喇嘛当然知道基于佛陀慈悲的教义，不应食众生肉，但是为了生存和适应环境的原因，制造出了种种似是而非的理由和推卸责任的托词。例如宣称吃众生肉，便结众生缘，特别是被成就者所吃，即可转畜生身为佛身和菩萨身，也就是畜生的身体，成为修行者肉体营养的一种转变，同时又说，以咒愿力，咒愿被吃的众生，可使之离苦得乐。这实在是极大的问题。但事实上，修行者未必是大成就者，所有的修行者全体肉食而为所有被吃的众生超度未必合适。当然，以密教的立场，大成就者已经得大解脱，无所谓食肉与不食肉。

肉食者死后火化也有舍利子，此与肉食否无关。也与解脱否无关；凡是修定或是凝心、摄心而达到修身目的的人，烧了会有舍利子。通常说，要修持戒、定、慧三学的人，才有舍利子，但是舍利子本身是人体分泌物的结晶和凝结。它有若干程度的神圣和神秘，为佛教徒所重视，但未必是佛教徒的大事，解脱生死才是根本大事，因为这还是属于界内色身的变现，终究不出于无常的范围。

所以，在佛灭火化之后，大迦叶尊者，号召五百大阿罗汉，共同结集佛的法身舍利——诸部经律，而置佛的在家凡夫弟子们去争抢佛的肉身舍利之事于不顾。可见肉身而得舍利，自始受到凡夫的重视，而为圣者所忽视。

45

密教盛行，佛教会灭亡吗？

佛教在印度的确是在密教盛行之后灭亡的，所以，称密教为印度的晚期大乘佛教。但也不能说密教盛行，佛教必亡，藏传密教流传，虽有兴衰，也延续了下来。

密咒本来是婆罗门教四种《吠陀》之一的《干达婆吠陀》的主要内容，后来与性力崇拜的信仰和修法结合，成为印度教的主要实践方法。并以《奥义书》的哲学理论为上层的建构，最后吸收佛教的中观派的思想及其思辨方法，而发挥、建立了新的印度教理论基础。也可以说，他们集婆罗门教和佛教之大成，而形成统一的印度宗教哲学型范；理论采婆罗门教及佛教的最高原则，实践采用咒术、禅定以及修身、健身等方法。

反观佛教，在思想方面，到中观派出现时已经发展到饱和点；在实践方面，到瑜伽唯识学出现时，也发展到饱和点，渐渐又偏重于理论，而偏轻于实际修法层次的指导，加上人才的凋零和教团的没落，已经无法与印度教的势力相颉颃。所以，一般大众纷纷偏向于印度教而脱离佛教，特别经过几次佛教与印度教的大辩论以后，佛教僧侣更是几百几百地皈向印度教。

佛教界的有心之士，为了寻求生路，便吸取印度教的特长，为佛教所用，而形成了中观派瑜伽行的晚期大乘的特色——就是无上瑜伽密教的完成。它采取了印度教的修法，以佛教的观点加以说明和疏导，有其实际的效果和长处，是为印度传到西藏的大乘佛教原型。

由于密教和印度教界限的混同和类似，便注定了佛教在印度可有可无的命运。直到今天的印度教徒，还说佛教已被印度教接收到融于印度教内，释迦世尊是他们梵天的第七个化身。佛教的名目，虽在印度灭亡，佛教的部分内容仍活生生地存于印度教之内，有没有佛教的名目，实无两样。可是，印度教是有神论的，佛教是无神论的，虽然彼此混淆，根本教义，仍大不相同，因此，真正的佛教在印度其实已经灭亡了。

当然，佛教在印度的灭亡，并不是由于密教的盛行，回教徒的入侵也是主要的原因。在 10 世纪后半期开始，回教徒从印度的西北攻进印度，所到之处必将原有的佛寺焚毁，所有的佛教徒赶尽杀绝，僧侣幸存者则纷纷逃亡。到了 11

世纪和19世纪之末，回教在印度成立了王朝，佛教徒不改宗回教，便进入了印度教，因此，佛教便遭到了彻底灭亡的命运。

佛教在印度固然是于密教盛行时代灭亡的，但是信奉密教并不会使佛教灭亡。所以，传入西藏以后的大乘密教，从8世纪直到现在，还是屹立不动。

不过在中国由于已有儒道两流的文化背景，民情风俗有异于西藏，所以，密教虽早在8世纪的唐玄宗时代，有金刚智、善无畏、不空三位大翻译师，译出了大量的密教经典，可是密教并未在中国持续地受到欢迎，反而传到日本成为一宗，并传承至今。

后来到元朝，蒙古人入主中原，再度把西藏的密教，带入汉地，那也只是流行于蒙古民族及与蒙古人相关的少数宫廷人士之间，明朝及清朝皇室虽然信奉藏传佛教但并没有受到汉民族的普遍信奉。至于民初以来，密教也曾一度抬头，但由于传授密教的人，良窳不等、龙蛇混杂，而且动不动就以神鬼伎俩自称为上师的人蚁行蜂起再加上汉藏两地交通不畅，所以，还是没有深入中国文化的基层。目前的藏密再度在世界各地流传，在华人社会也产生相当大的影响，我们宜正视其所长，勿学其所短。

如果以正统的西藏式的佛教僧侣教育，经过长时间的熏陶、训练而成的人才来传播，一如宗喀巴大师的《菩提道次第论》《密宗道次第论》以及《现观庄严论金鬘疏》等作为依据而弘扬密法，应该和显教无异，不会有什么招致灭亡后果的原因。如果仅仅以摇铃、挥杵、吹号、击鼓、咒术、加持等来求财、赶鬼、长生、消灾、免难，和似是而非的即身成佛、双身双修等的谬论及符咒术数等的行法，作为推广密教的号召，并且仅止于此，那就真是佛教的大不幸。

46

佛教对世界末日的看法如何?

“世界末日”这个名词，是基督教所高唱出来的，不过，这也是事实。佛教把此世界的生灭，分作成、住、坏、空四个阶段。空是从无中生有，有的阶段又分为成、住、坏三个阶段，坏的结果，又归于空无。我们的世界只有在住的阶段可以有生物及生命的活动；成的阶段是由稀薄的物质团聚、凝固，渐渐形成地、水、火、风四大类的形态，完成四态的定型之后，才渐渐发展出生命活动的现象。

最初的生命，是由他方世界化生而来，非出于任何人或神的创造；住的阶段就是生命活力的舞台，而其本身也渐渐地由成熟而趋于衰老，终至于朽坏，那便是坏的阶段，已开始不适于生物的生存。直至彻底地毁坏，就变成了全面物质世界的崩溃，而归于空的阶段。之后，再由十方世界同类的共业众生业力所感，而完成了另外新的世界。所以，世界是由众生业力的消长而有起灭。

如果说佛教也有世界末日，那是指坏的阶段的开始，所以，佛教并不否定世界有末日的一天，只是观念和基督教不同。基督教说世界末日是出于上帝的意志，出于对信者的救济和不信者的惩罚，末日来临之时，就是基督降临之日，把他所爱的选民带回天国，他所不喜的人便打入地狱。佛法所说坏的阶段的降临，属于自然的现象，是此一世界众生的共业所促成。当在此一世界无法居住之时，依据各自的业力，又往他方不同的世界转生。

不过，佛教另外有一个名词称为“末法时代”，在末法之前有正法和像法时代。原则上，释迦世尊住世的时代，称为“正法时代”；世尊涅槃之后，称为“像法时代”，此时，只有形相作为代表；再过一段时间之后，称为“末法时代”。末法时代，信仰佛教的人数渐渐稀少，修行的人更少，修行而证圣道的人则已没有了，到最后佛法也就被世间的邪说和物欲所淹没，纵然尚有佛经存在，也没有人去信受奉行。因此，希望众生在佛法还住世的时代，众生还愿意接受佛法而信仰的阶段，要赶快努力，护持三宝，维持慧命于不堕，则可将佛法住世的时代，无限制地往后延伸，为人类带来前景和希望。所以，末法的思想，并不像基督教所说的世界末日那么可怕。

如果你的善根深厚，就继续培养你的福德和智慧，纵然是处于末法时代，或又面临了世界将坏的开始，也不必绝望。此一世界只是宇宙太阳系中的一个小星球，你可以借你的善根而转生他方世界，继续修行。如果你的愿力坚定，信心坚固，也可以往生他方佛国净土。所以，此一世界的坏灭，并不等于走投无路、山穷水尽，这跟基督教的世界末日观，又是另一点大不相同之处。

另外，佛教虽有末法时代，对你个人来讲，只要努力不懈，可由末法时代的环境，进入像法时代的环境乃至于正法时代的环境。

47
您是佛教徒吗?

一、民间信仰

中国人填写履历等各种表格时，对“宗教”一栏，多半会填“佛教”二字。换句话说，多数的中国人，自认是佛教徒，除了曾经受过洗或已参加过入教仪式的天主、基督及伊斯兰等各大小新旧教派的信徒，确知他们自己不是佛教徒外，其余多多少少，不论由于自己或亲属等的关系，都和佛教的信仰有点渊源。

这即是说，只要不否定佛教、不反对佛教的人，就算是佛教徒。所以在中国民间而言，佛教徒的涵盖很广，这就说明中国人信仰宗教一向是开放、涵容、多元性的。

例如对水、火、风、雨等的自然神崇拜，对儒家所谓慎终追远式的祖神崇拜，对历史伟人、名将、烈士、贞女的崇拜，对特定的石头、树木等的灵物崇拜，对历史演义及神话小说中的人物及神仙崇拜，以及对各种神秘现象的鬼神崇拜等，都能互融共存。虽然孔子不语怪力乱神，但民间大众对于这些神道的崇拜和信仰，则由来已久。这既为民间所需，纵然受到唯物论者及一神信仰者的反对，还是普遍地流行，但这些并不是正统的佛教。

二、多神崇拜

佛教传入中国，是在秦汉时代，当时，已经有民间信仰的事实存在，《楚辞》之中即有各种自然神的名称。因此，印度的佛教传到中国之初，也只是在群神的名目中又添增了一位西方新到的神而已。虽然由于佛经的翻译、流通，日积月累形成了汉文的三藏教典，阐述了佛教不是一般民间信仰的流类，但那也只是属于研读佛经，及真正修学佛法的人士，才会了知的事。一般人接触佛教的诸佛菩萨，也和接触中国原有的祖神、民族神、自然神等的态度和观念相同。所以，在民间的小说、故事等的传说之中，神与佛并没有差别。例如，一般民间所知的如来佛、观世音，都是从通俗小说如《封神榜》《西游记》及民间故事如《观音得道》等书之中得知，不是直接从佛经的研读而了解的。

三、灵媒与乩童

佛教的《华严经》《地藏经》等，虽也载有各种天神地祇之名，而中国民间信仰的多神崇拜，却不是出于佛经的传播，乃是来自所谓仙佛借窍等灵媒的降神以及一般人所得的灵异感应，最普遍的是出于鸾坛，用扶鸾的方式，由乩童或笔生的口宣及鸾书等所示的诸神。最初多半是流传于民间小说中的历史人物及神话故事中的诸种神明，但佛教在中国普及之后，也有假托诸佛、菩萨、罗汉、祖师等的名字，出现于灵媒之口及鸾书之笔的。因为儒、释、道三教的神、仙、圣、贤、佛祖、菩萨，也都可能轮番出现于任何一个灵媒之口及鸾坛的记录，此即把佛教也视为民间信仰的原因之一，因在民间信仰之中，已掺杂有佛祖及菩萨的崇拜了。

民间信仰对诸佛菩萨崇拜的目的，不外乎求愿、祈福、消灾、免难、延寿、除病，乃至求财、求子、求婚姻的美满等，这是宗教信仰的基础动机。将佛菩萨当作诸神崇拜，也会达成所求的目的，因为一切善神都会护持三宝，并保佑信仰三宝之人；向佛菩萨求愿，即会受到诸天善神的感应，也会受到诸佛菩萨的垂悯。由于佛教界普遍信仰观音菩萨及阿弥陀佛，使得中国的民间大众，对于阿弥陀佛、观世音菩萨，也最感亲切和熟悉，故有“家家弥陀佛，户户观世音”之说。既然大众以佛菩萨作为求愿的对象，当然不能说他们不信佛教。

四、佛法僧三宝

其实，佛教徒是以佛、法、僧的三宝为皈信或皈敬的对象，而不是崇拜流行于民间的诸神，故在释迦牟尼佛成道之后，最初度化在家信徒，即授三皈。所谓三皈，便是皈依佛、皈依法、皈依僧，具体称为皈依三宝。

佛是大觉者，他是自觉、觉他而智慧与福德究竟圆满的人；法是由佛所说成佛的方法，以及为什么要成佛的道理；僧是学佛求法，并且助佛弘化、广度众生的出家人。初成佛道的释迦世尊，在尚未度出家弟子之前，便对两位在家弟子（商人提谓及婆梨迦）说："皈依佛、皈依法、皈依未来比丘僧。"因此唯有三皈具足，才能成为正信的佛教徒。

如果仅止于信佛而不信法、不信僧，那是盲目崇拜，便和民间的神鬼信仰类似；如果仅仅探究法义而不信佛、也不信僧，那就相当于一般的学者，看书做学问，与自己的信仰无关；如果仅皈依僧，即与民间流行的认义父义母、拜龙头大哥等相近。唯有三宝具足，才能学佛、修法和敬僧。

僧是住持佛法的代表，因为他们修学佛法，所以是具体地象征着佛法。在释迦佛住世时代，僧已代佛弘法，当佛涅槃之后，更需要僧来传授佛法。僧是由出家人组成的团体，又叫作僧团，每一个出家人是僧中之人，称为僧人；在教化的场合，僧人即代表僧团，分头教化有缘的大众。因此，佛是佛法的源头，法是佛教的根本，僧是佛教的重心，三者缺一不可，三者和合，才成为全体的佛教。

五、宗教的层次

佛有现在、过去、未来以及此界、他方的不同，合称即是“十方三世的一切诸佛”。法的基本点包含着杀、盗、邪淫、妄语、饮酒的“五戒”，以及不杀生、不偷盗、不邪淫、不妄语、不绮语、不两舌、不恶口、不贪、不嗔、不痴等“十善”，这些便是人伦道德的人天善法。更进一步，则为解脱生死的出世善法，更有已得解脱而仍入世、住世的菩萨善法。

其中第一阶层的人天善法，通用于世间的一切宗教，也就是世人所指“一切宗教都是劝人为善”的层次。至于第二阶层的出世善法，是超越于人天，并且超越了欲、色、无色之三界的生死轮回，进入了解脱境界，那就是小乘的圣人，称为“阿罗汉的层次”。第三阶层的是出世法，既能不受生死所缚，又能不必离开生死的范围，能够自由自主地来往出入于生死之间，从事广度众生的工作，而又无我、无人、无众生、无寿者，那就是大乘的菩萨境界。

一切佛宝，开示一切法宝；一切僧宝，修学并且弘扬一切法宝。僧宝包含凡夫的出家僧尼、小乘的圣者罗汉、大乘的一切菩萨。倘若能皈依三宝，即能受到一切诸佛、一切圣者、一切菩萨、一切有道高僧的教导、提携、保护、庇佑，不论是谁，不论什么程度，都能由于各人的发心程度和他们的善根深浅，而从三宝获得各人所能得到的利益。

六、生天与享福

由此可见，若系善良的民间信仰以及其他各派的神教信仰，不论信的是多神或一神，只要不违背人间的伦理，并合乎生天的条件，便可归属于佛法的第一个层次，即人天善法。此即是教人应有人的品格，当尽人的职责，并修天福，凭借所修人天的众善福德，死后即能还生为人或生天界。所以修了人天善法，总比由于专门作恶而招地狱、饿鬼、畜生的三类恶报要好得多。

不过，人间寿命很短，最多百年左右，天界寿命虽较人间为长，仍难免报尽而死。以佛教所见，天分三类，最上无色界；其次色界，均系修得禅定者所生；最下欲界，乃系修福行善者所生。欲界天人的寿命，从四天王天、忉利天、焰摩天、兜率天、化乐天到他化自在天，一共六个层次，一天比一天更长。最低的四天王天寿命，即以人间五十年为其一昼夜，寿长五百岁。向上依次递增，最高的他化自在天，以人间的一千六百年为其一昼夜，寿长一万六千岁。不过当他们天福享尽，即从天上寿终，还回人间，乃至下堕恶道。

享受人天福报，犹如仰天射箭，当其势尽力竭，即下堕地面，此乃因其未出生死轮回。罗汉则已出三界生死。菩萨则虽出世间，而还入世间，广度众生。唯菩萨入三界，不同于凡夫的轮回生死，好像犯人入监狱是为服刑，司法人员及教化师虽然也进监狱，他们却是自由之身。

罗汉永远脱离生死，菩萨虽处于生死及烦恼的众生群中，却不受生死的束缚及烦恼的煎熬，而佛是菩萨所成，罗汉也有转为菩萨的可能。凡夫倘若以菩萨为榜样，那就是见贤思齐，发心修学菩萨的法门，即成为菩萨道的实践者。

七、正信的佛教

民间信仰的宗教层次，仅使信仰者求取神的救助，并未能使信仰者由自身起而自救救人。佛教的信仰，既能使信仰者有求必应，更能使信仰者净化自己、强化自己，也能效法救人助人的菩萨与佛，更能成为菩萨与佛。中国是大乘佛教的化区，信仰佛教称为学佛、修法、敬僧的“三宝弟子”。“佛”是菩萨道的究竟圆满者，菩萨行是“佛法”化世的轨范，“僧”是住持佛法的代表。

民间信仰的宗教行为，确有其存在的功能和流行的价值。唯其既无教义的依准，也无教团的约束，更无教师的诱导，仅靠灵媒、乩童等的操作，好则可以配合善良风俗，否则也能破坏善良风俗、腐蚀人心。佛教则不然，既有悠久的历史，也有层次分明的教义和教仪；既有两千六百年前出生于印度的教主释迦牟尼佛，也有代代相承的教团及教师。释迦牟尼世尊是历史明载的佛宝，佛教教义和教仪是法宝，佛教的教团和教师是僧宝。唯有信仰三宝及皈依三宝，才是正信的佛教徒。

那么请问：您是正信的佛教徒吗？（请参阅拙著《正信的佛教》）

48

怎样辨明佛经的真伪?

佛经真伪的问题，可以分成两个方面说：一是翻译史上无法查证其时代和译者的经典；另一是从鸾坛或者乩童以降神托梦的方式传授出来似是而非的佛经。第一类是正式的经典，与佛法不相违背，第二类是假冒的经典，实质是民间信仰的产物。

早期的印度佛教史上，学者间就有大乘非佛说的论调，因为大乘经典的出现和流传，是在佛灭之后数百年。但是大乘佛法有其原始佛教的根据，只不过把思想的层面提高，予以哲学化，使它更博大、精深、玄妙，从人间推广而至于无限。所以说，原始的经典是以人间为对象，而大乘经典则是以菩萨为对象。

可是，大乘经典绝对没有离开原始佛法的基本原则，据因缘法而讲空、无，讲实相无相，据因果法而讲有、真有、妙有。其实这是一体的两面，空和有本不相离，这是因缘、因果基本法则的极致。所以，大乘佛法不论是否为佛说，或者菩萨说，或者其他众生说，都不可以真伪来作取舍，只要符合佛法的原则就好。

至于第二类民间信仰的产物，是由附佛法外道的鬼神所传授，利用有人在修行之时或者某一神鬼特定的场所化现佛菩萨的形相，以民间大众所熟悉的语句说出一部一部的短经，比如说《高王观世音经》《血盆经》《太阴经》《太上感应篇》等。有的近于佛，有的近于道，有的是儒、释、道三教合流。以人间道德标准来劝化、教善、教孝、教恩义，都有它一定的作用，所以，虽为伪经而非真的佛经，但民间的佛教徒们，都在传诵，没有不良的后果。

另外，也有属于第二种的流类，虽称是佛经，为佛说，但内容却违背因果的原则和因缘的观点。讲空便否定因果，讲有即恋着于世间，将佛菩萨和神道混为一体，平等对待，所谓五教合流、三教平等、佛佛同道、道道相通等的理论，其实非佛、非道、非儒，亦非耶教与回教。他们虽用佛经，也解释佛经，但他们自己各有其神示的所谓“真经”为根本，这种以假冒佛经为名的书籍，当然不是佛经。

尚有一类，由于某些人的盲修瞎炼，获得一些神秘经验，感应魔道降示和鬼神的附体。为了建立他们的教化根据，达到广招徒众的目的，也看佛经，解佛书，不过他们是以自己的所见，或似是而非的定境，或魔道鬼神的指示，用属于自己的语言、意象，任意解释经句和经义。类似的书籍，虽以佛经的批注为名，其目的离经叛道，毁谤正法，损伤慧命。这就是古来祖师所说“离经一字，即同魔说”的例子。

据此判断，如果称为佛经而无法确定是佛经或非佛经时，最好的办法是查对藏经的目录，如明载于目录，虽被列为“疑伪”部类，仍属可信、可读；若在经录索无，就要考虑是否和佛法的基本原则相悖。再有，除了解经用经义、引经名，述古大德的发明，如孔子所说“述而不作”的态度所写的佛书之外，最好少看为安全。

49

佛教如何适应民间信仰的要求？

所谓民间信仰，是跟民俗相关的宗教行为，也是原始形态的宗教现象，自从人类文化开始以来，即已普遍地发生在各个民族之间。那是为了纾解心中的困扰、家庭和社会的纠纷、自然环境的折磨，在一时间无法以人的体能、智能所能解决的情况下，唯有诉求于神明的指引、援助、救济、保佑，利用求签、问卜、降灵、牵亡、扶鸾、牲供、许愿等方法，以达到与鬼神沟通的目的。这种行为，在一神教的立场看，乃是异端的迷信和邪术，佛教也不主张类似的行为。

民间信仰是诸神杂糅的，宋以后即有儒、释、道三教并收，神、仙、佛、菩萨不分之势。清末民初以来，更有增加耶、回二教所谓五教同源的民间宗教，通过灵媒、术士、鸾坛、乩童，以及灵签、筊杯等的人员和道具，请到自称为是某神、某仙、某圣、某贤、某菩萨、某古佛的无名鬼神，来为祈愿的民众决疑指点，以满足他们的需要。渐渐地，佛教也开出了若干方便法门，以适应民间信仰的需求。所不同的，佛教是以理性疏导，修善积福、忏悔诵经，来达到祈求的目的；民间信仰则以盲目的依赖及媚神的行为来达成他们的希望。此在一神教的信仰者也有类似的目的和作用，不过却是以唯一的神，作为祈求的对象。民间信仰也将各宗教的教主等，当作诸神崇拜。所不同的是各大宗教，均有其教主、教史、教理、教仪、教团的传承；民间信仰则是东拉西扯、七拼八凑的多神崇拜。

从人类文化史的考察而言，民间信仰虽属于原始民族的宗教形态，却为人类身心弱点之所需。欧美社会经基督教近两千年的洗刷清理，迄今仍有民间信仰在到处活动的踪迹。所以站在佛教的立场，也宜有适当程度的容忍。不过如果为了投合民间信仰的要求，而降低佛教信仰的层次，甚至将民间信仰的各种鬼神，提升为佛菩萨的化身和权现，就会为佛教带来名存实亡的命运，也会遭受到理性的批判和指责。所以，正统的佛教寺院不应设置签筒、鸾坛、筊杯，也不供奉各种地方色彩的诸神偶像，以免染上了民间信仰的色彩，而被误为多神的崇拜就是佛教，佛教就是民间信仰的流类。

佛教如何因应社会大众，对民间信仰需求的满足？此应着重对于信仰诸佛菩萨功能的提倡，或者对于某些常用经咒效验的阐扬，比如观世音菩萨、地藏王菩萨的灵验，是无微不至、无远弗届、无时不应的。观世音菩萨称为广大灵感、救苦救难、大慈大悲；阿弥陀佛称为无上医王，又名无量寿及无量光。这些佛菩萨，能够使人有求必应，求长寿得长寿，求智慧得智慧。释迦牟尼佛是卢舍那佛的千百亿化身之一，他是娑婆世界的教主、人天的导师、长夜的明灯、苦海的慈航。一切诸佛，均能于一切时一切处，接受到任一众生的呼救，具备救济众生的一切功能。所有的诸大菩萨也都具足六种神通，随时、随处、随类摄化，普应一切众生的合理祈求。那么人人只要选定一佛，或一菩萨，或一特定的法门和经咒，只要发心就可轻而易举地达到民间信仰所有要求的目的，何况尚能更进一步，由民间信仰的宗教层次，进入自利利他、解脱自在的境界。

佛教内的密教有种种不同目的及不同层次的修炼法，中国的天台宗乃至华严宗，也编有各种礼忏仪轨及修证仪轨，依之修持各经所宣示的法门，此已不同于民间信仰的多神崇拜，但追溯佛法的源头，并无多样化的仪轨可求。佛说无量法门，而其任何一法，只要专心修持，就能成为一切法的总持，所以《楞严经》有二十五种圆通法门，任一法门就等于一切法门，具足一切法门的功用。《维摩经》更加开示出不二法门，否则，容易和民间信仰混淆，与多神信仰合流，而予人以神佛不分的印象。

再深一层说，作为一个佛教徒，如果为了满足不同的愿望，而经常变换修行的方法和崇拜的对象，便会失去中心的目标。正信的佛教徒，信仰三宝是为学佛、修法，是学佛的慈悲与智慧，以佛法的正确指导，修行专一的法门，以达成持戒、修定、发慧等一贯的目标。只要不离三宝的原则，日复一日地，以看佛书、做佛事、持戒、布施、礼诵、忏悔等为日课，纵然不求现实利益，现实的利益也会在你的日常生活中自然成就。

50

逃避和出离有什么不同?

通常，初学佛的人，必须要有厌离心，才能够真正体会到修行佛法的重要和必要。要厌离什么呢?是对于来自心理、生理、人际关系、自然环境的种种矛盾、摩擦，而引起的许多烦恼、痛苦。如果能够转变，那么对这些现象的感受就不需厌离；无物可厌，也就无处可离了。所以，厌离是修习佛法的初步，就是知苦而求离苦的意思。

一般人总认为厌离人间的人际关系、生活环境，就是否定了人的价值和意义。其实恰好相反，正因为要提升人的价值和意义才要暂时厌离。就像商人出外经商，是为了赚钱养活眷属，维持家计；孩子出外求学，是为了学到更多的知识和技能，以谋他日成家立业和自利利他。所以，佛法所讲的厌离是修行的初步过程，而不是终究的目的。

逃避就不同了，逃避是不想负起应有的责任，不敢面对现实的生活，而抱着逃债，甚至于逃亡的心态远离他所处的环境，这种人就像处于逃亡状态的犯人一般，心里经常充满着恐惧、不自在、不安全，永远承受着无处容身的心理压力。这和修行正信的佛法以厌离烦恼的世间，完全不同。若能厌离烦恼，他就能逐渐地离开烦恼；多离一分烦恼，便多得一分解脱和自在。自在的程度越深，烦恼也就越轻，最后便得究竟解脱。如果已得解脱，当然也就没有厌离和不厌离的问题了。

逃避是不能解决问题的。逃避是知苦却不敢面对苦，反而逃苦的意思；厌离是知苦、避苦因而学佛脱苦，乃是为了疏导问题。逃避既违背佛法所说的因果律，所以也不为佛法所许；厌离也不一定要离开人间，而是透过佛法的指导原则及其修行方式，提起对于世间现象的彻底认识。《中观论颂》云："众因缘生法，我说即是无。"首先是厌离世间，结果既已知道诸法空幻，也就不起烦恼和执着，也就不需要厌离。不过，仅仅通过知识的认同未必能够离苦，所以要暂时离开世俗的环境，专门修持佛法的戒、定、慧三学，就比较容易达成离苦的目的了。因此，上上根器的人，一旦接触佛法就能顿悟，悟后或以出家身，或仍以在家身于人间行化，一般根器的人，则以离俗出家最易得力。不过，出家是大丈夫事，并不是世间多数人可以做到的，因为一般人不知厌离，甚至虽知厌离却无法厌离。

51

个人自修和集体共修有什么不同?

常听说:“宁在大庙睡觉,不在小庙办道。”也就是说个人修行不同于集体修行,在明师指导下修行和无师自修,更是大不相同。

个人修行,应该是在已经懂得了修行的方法和修行的道理之后,而且也要知道如何来解决修行过程中,所发生的身心及知见上的疑难和困扰等问题,否则不但无法得益,相反地很可能受害。特别是修行禅定,精进勇猛的话,会有种种的禅病和魔障发生,那就是包括生理和心理的反常变化。所以,初学的人,不宜单独修行。

集体修行,纵然没有明师指导,尚有其他同修的彼此照顾,互相纠正,只要知见正确,不会发生太大问题。

再说,个人修行很容易成为冷热不均,忽而勇猛精进,忽而懈怠放逸,乃因为无人约束,也没有大众的生活规制。

勇猛过火，会引来身心疲惫而产生禅病，懈怠放逸更会使人放弃修持，退失道心。如果经过几度的冷冷热热之后，便会对于修行退失信心。若在团体中修行，由于共同生活的制约，且有同修之间的制衡，会使人逐步前进，所以，比较安全。

从心力而言，个人的心力是极其有限的，初修行的人，也无法造成修持道场的气氛，如果能结合多人共同修行，以同样的方式、相同的目标、共同的心态、同样的作息时间共修，就会形成修行道场的气氛，其中只要乃至一人正常修行，就会使得全体导入正轨。如果多半人处于正常状态，此种心力的共鸣、共感，就会使得每一个人得到全体修行者的全部力量，十个人参加，每一个人都可能得到十个人的力量；一百人参加，每一个人也可能得到一百个人的力量。所以，佛教赞成以集体的修行为初学者的常规。

纵然是修行已久的人，偶尔能够参与集体修行，也是有益的事，所以，当释迦牟尼佛在世的时候，常有弟子一千多人追随佛陀过僧团的生活。在中国佛教史上，不论哪一宗派，人才辈出之时，多是由于集体修行产生。例如：禅宗的四祖道信、五祖弘忍、六祖惠能，以及马祖道一、百丈怀海等诸大师，其门下无不龙象辈出，而他们都是集合了四五百人、上千人等的大僧团。因此，将禅宗的寺院称为大海丛林，大海是龙蛇混杂，鱼鳖居中，但是不容腐尸。修行者的根器，虽有大小、利钝之不等，但如果腐败了，反常了，就会被海水弃之于外。丛林之中，林木虽有大小、粗细，但是无不挺拔向上，否则就接受不到雨露、阳光，就会自然地被淘汰。

由此可见，单独地专精修行，不是初学者所宜。

52

大修行人一定要闭关吗？

闭关，又称掩关，这名词和风气，在印度并没有，在中国也一直到元朝之后，甚至到了明朝，汉地才看到这种修行方式的记载。因此可说，大修行人不一定要闭关，相反的，闭关者也不一定是大修行人。

闭关可能是渊源于藏传佛教的长期洞窟修炼，当喇嘛教随着蒙古王朝到了中国内地，闭关方式也日渐风行。

从修行的方法而说，有定时的、定期的功课以及一定时段的修法，比如七天、二十一天、四十九天、九十天、一百天等，克期取证，专心修持某一法门。如果环境许可、事实需要，也可为期一年、三年，乃至于六年、九年、数十年，但不一定是单独的个人修持，例如释迦时代的结夏安居，中国大陆禅林的冬、夏两季禅期，是集合许多人共同修行的。天台宗祖师们所编的忏法、仪轨，都是结合六七人、十数人共同结坛而修的。在佛世时的结夏安居，也是在一定的范围之内，或于树下、或于洞窟、或于自建的茅舍、或于居士家的空舍个别修行的，但那些都不是现在所说的闭关。

在早期的中国，也有一些禅者，于悟发之后，而由善知识嘱其到水边林下、山间洞窟，单独过木食涧饮的修行生活数年。最有名的例子是终南山，据说那儿有七十二家茅棚，原先都是个人修行，其中后来也有的渐渐成为一个个的寺院，但是住茅棚的风气，仍然历久不衰。所谓住茅棚，是自备炊具以及谷类、菜蔬的种子，入山披荆斩棘，结茅为舍，以避风雨，长期远离人间。不过这样的修行法，虽类似闭关，而不是闭关。

近世的闭关修行有两种人：一种是为避世俗事务的纷扰，另一种是为精进的禅修或潜心于经藏。前者等于是隐退修养，后者才是真正的修行。如果仅为修养，只要有钱或有外缘的护持，就可以办到。进关之后，若不知修行的方法，也不懂深入经藏的门径，那么虽然闭关三年五载，还是不可能有所成就。如为禅修及阅藏，也得已经有了禅修功夫的基础，或已经摸到了进入经藏的门径才可，否则也不会有多大的成就。

所谓大修行者的定义，应该是全心投入，至少已经开了心眼，而依旧不露声色、忍辱负重、吃苦耐劳，忍人之所不能忍，舍人之所不能舍，虽心净如明镜而不表现于外，虽言行如痴呆而悲智存于内。一旦因缘成熟，即能登高一呼，万山相应，广度众生，有教无类而不着痕迹。如果因缘未熟，虽终其一生，默默无闻也不减其生命之光辉，如寒山、拾得、丰干，都是大修行的人。要不是后来的好事者，搜集了他们的诗偈，流传于世，不然谁都不知道历史上曾经有过这样的人物。比如，孟子所说："达则兼善天下，穷则独善其身。"这就很类似佛教所说的大修行者的襟怀和风光。因此，大修行者可以掩关，也不一定非要经过闭关的形式和过程不可。如果因缘许可、事实需要，闭关的确也是摆下杂务、杜绝外缘专事修行的最佳方式之一。

53

魔考是真的吗？

魔考的观念，不是出于佛教，而是出于一般被称为斋教的民间信仰。

佛教所说的魔，分为烦恼魔、五蕴魔、死魔和天魔。除了天魔之外，都是属于身心和环境的冲突与不平衡所产生的现象。要得天魔的扰乱，必须是大修行人，除了天魔之外，其他三种魔，都属于人为的。纵然是天魔的困扰，如果身心正常、精神稳定，也可以克服。所以，不会修行的人或知见不正的人，易染魔扰；如有正确的知见和精进的修行，魔扰是不存在的。

所谓魔扰是由贪、嗔等自我中心的执着而产生的，我执越轻，离魔越远。即使人皆难免面对死魔的降临，但对修行者而言，若能以平常心来面对死亡，死亡就不是魔。

五缊魔的意思，是指色、受、想、行、识。第一色蕴是指我们的肉体和肉体所处的环境，其余四蕴则属于心理活动，以及流转于生死之间的精神主体。如果不出三界、未了生死，即在五蕴魔的掌握之下，但这不是人格化的鬼神，而是由于业力的推动。如能去除贪、嗔、痴而出三界，便能脱离五蕴魔的范围。可见此魔不在心外，也不在身外。

所谓烦恼魔，是指我们的心理活动失去平衡与自主的控制。所谓心不由己，心随境转，事事牵挂，舍不得、放不下、求不得、丢不掉，都是出于自我中心的自私心理作祟。若能以慈悲心待人，以惭愧心待己，以理性的智慧替代感性的情绪，烦恼魔便无可奈何。

至于天魔，他在天上，和一神教的宇宙创造神并行，他有无限的大力，他的形相变化多端，可能以狰狞的面目出现，多半则以仁善的形态现身。不过他的目的，不论威胁利诱，都是要你脱离正道而行邪法。

佛法所说的天魔，是在修行者发起出离三界之心和大菩提心之时，魔宫震动，魔王发愁，因为即将有人出离三界，魔子魔孙减少，而佛法增长，因此，派遣魔子魔女、魔兵、魔将，来扰乱修行之人。如果是大修行人，魔王也会亲自出动，务期留住此人于魔力所及的范围之内。例如释迦世尊在菩提树下成道之前，就有降魔的过程，所以，非大修行人，不容易受到天魔的困扰。一般的俗人终日在烦恼及五蕴之中打滚，也在生死之中流转，岂能招致天魔的出击?

但是现在民间却流行着魔考的信仰与传说，信了一般斋教之后的人，如果事业顺利、家庭平安、身体健康，就说是无生老母、明明上帝所赐，是信奉斋教的行为所致，应该全心地感谢，全力地奉献。如果遇到不如意事，灾难、病障、横祸、鬼扰，就说是魔考，而谓道高一尺，魔高一丈，那是由于入了道门、成了道亲，有所谓已在天堂挂号、地狱除名，所以引来魔鬼的妒忌，而给予种种的打击。这不能埋怨无生老母、明明上帝，反而应该感谢、忍受，否则，如果经不起魔考而退失信仰，那就又要变成天堂无分、地狱有名。

这种说法，实在是愚痴的迷信，否则既有权力使人天堂挂号、地狱除名，为何不能助人祛除魔障，还要说是魔考，使得接受魔考的人，不敢以人为的方式来补救、改善他们的遭遇。

当然，佛教也有重罪轻报之说，以及提前受报之论。也就是说，若不修行，恶报尚不会现形，一旦精进修道，发出离心，行菩萨道，就会引来若干魔障，那可能是天魔，也可能是宿世的冤亲债主，恐怕你出离三界之后，对你控制无方、需索无门，所以提早讨还你的欠债。不过由于你的修行和发心的善功德力，能将本来是应该多生偿命的，变成即生的病难，以此了结无量劫来的债务。所以，这是基于因果观点而言，不是无理的迷信。而且，佛教还是主张在灾难降临之时，尽量设法处理改善，以尽人事，不是束手待死式地受尽折磨。佛法讲因果也讲因缘，过去的因，如果加上现在的缘，它的结果就会改变。

佛教不是定命论和宿命论，而是努力论。一切的灾难与不幸的遭遇，都是来自过去所造的，加上现在的未曾努力，不必怨天尤人，当以正常的方式作合理的改善。因此，遇到疾病及困扰，便称为魔考的观念，在佛教是不能成立的，也是不被承认的。

54

如何选择明师?

韩愈曾经说过:“术业有专攻。”因此,学习任何法门都应该选择有专精独到功力的明师,不论做学问、学艺和学佛,其道理都是相通的。虽然明师未必出于明师之门,明师门下也未必出高徒,但是追随明师,至少不会指错方向,教错要领,实要比所谓“以盲引盲”来得安全。

可是谁是明师?往往无法得知,特别是宗教经验和禅修功夫,在自己尚未入门时,更是无法判断谁是明师或不是明师。不过,明师虽然未必有名,但若为大众公认的明师,自然要比自称明师而尚未被大众所公认的要可靠得多。在无力明辨谁是明师或不是明师的阶段,追随已被大众公认的明师是比较安全的,或者由已经成名的老师介绍尚未成名的老师,也是较可信的。而由你所信任的明师介绍另外一位明师,也是可取的,如在《华严经》中,善财童子参访五十三位大善知识的方式，就是通过一位介绍一位，形成了五十三位明师的连锁关系。他们人人都是明师，因此，善财童子绝不是病急乱投医似的盲目拜师。

世间任何时代都有许多自称为一代宗师的人物，他们妖言惑众，颠倒黑白，混淆视听，广收徒众以虚张声势，如果不加明辨，就很可能以有名的邪师为明师。所以，孟子也说："人之大患，在好为人师。"因为那些邪师对社会人心有误导作用，使人间产生更多的纷扰不平衡、困惑不安定，因此跟他们学习某些邪法、邪说和邪术，不仅不能开拓人生境界，反而会为自己带来身心的伤害、家庭的失和。只可惜一般人实在很难识破这些人的真伪、邪正。

从佛法的立场说，邪与正、暗与明的标准，都在于自我中心的考察，如带有强烈贪嗔习性的人，一定不是明师；又如虽然表现仁慈、和颜悦色、道貌岸然，但倘有骄、狂、慢等气质的人，也一定不是明师。如何找明师，《大智度论》卷九揭示了四个要点，称为"四依法"。

第一，依法不依人：明师不以自我为中心，也不以特定的某一个人为权威，是以共同的原则、规律为依准。律教的法就是因缘法、因果法。如果一位老师所说的道理与开示，违背了因果和因缘的法则，就不是明师。因为因果是要我们对自己的行为负责，因缘是教我们对一切的现象不起贪嗔等执着心。否则，虽众人尊其为圣人，也和邪师无别。

第二，依义不依语：凡是真正的法则，一定是放诸四海皆准，古往今来皆同的，不会因民族、地区、文化等背景的不同而有差别。如果说有宗教上的禁忌或有语言上的神秘，便都不是正法。正法应注重义理的相通，而不当拘泥于语言上的相异。例如说：犹太教重视希伯来文，与此准则相悖；佛教徒重视梵文、巴利文，只是为了考察原典以追求原义，并不是说梵文和巴利文有特别的神力或神圣。当然，印度教是重视梵语、梵音的，此与佛教有别。

第三，依智不依识：智是圣人的智慧，乃从无我的大智、同体的大悲中产生。因此，凡含有自我中心，不论为己为人，乃至于为一切众生或者为求成就无上的佛道，不论是大我、小我、梵我和神我，个别的我与全体的我，都不能产生真正的智慧，因此仍属于知识及认识的范围。知识是从自我的学习经验中产生分别、记忆、推理等的作用，而智慧则只有客观的现象，没有主观的中心。只有运作的功能，没有主体的中心，如果与此相违，就不是明师。

第四，依了义不依不了义：了义是无法可说、无法可执、无法可学、无法可修，也无法可证。正如《六祖坛经》所说的无念、无相、无住，不为什么，也没有什么，只是照样地吃饭、穿衣、过生活、自利利他、精进不懈。

根据以上四点标准，我们就可以很容易地判别谁是明师谁不是明师。再依据这四个标准去访察你所希望亲近的明师，大概不会有所差池，日积月累，纵然不得明师，你自己也已经成了明师。

55

如何一门深入？

近代的思想家胡适之先生曾经说过：“为学应如金字塔，要能广大要能高。”博览群籍是学问的基础，一门深入是学问的造诣。如果仅是博大而不精深，不能成为学问，只能算是常识。所谓门门通，门门稀松，不能在任何专门的范畴中出类拔萃、登峰造极，就不能够见其成就和独到的特色。那不是专家，而是一般的通才。所以，佛制规定，出家的比丘应该专精于经、律、论的修学，如果资质优秀，也可以用五分之一的时间，旁览教外的典籍，因为人在一生中的时间有限，不可本末倒置。

佛教的三藏圣典浩如烟海，虽皓首穷经，尽毕生之力，也无法尽学其精奥。因此，自古以来，学佛之人探究经论是有选择的：在初入门时，可以从概论的书籍及通论和通史性的著作着手，以俾知其大端；而后即应该有所选择，依据个人的心向、兴趣，专注某一部经和某些相关的经、某一部论和某几部相关的论、某一部律和相关的律书，如此尽一生之力，学习、修持、研究、弘扬，就可以成为一代大师；尔后继者再循着他们的成果续加钻研，即造成分宗分派的现象。

目前对于一般的佛教徒来说，最迫切需要知道的所谓“一门深入”，倒不是有关经、律、论的问题，而是在于宗教经验、修持法门，以及善知识的选择和追随上。因为一般人不知道自己适合修行哪一宗派或哪一些法门，以至于不论是修苦行、修乐行、修显教法、修密教法，均可能不知所从而样样都学。在显教方面，如果净土、禅、律、天台、华严、唯识等宗都各有一位乃至几位知名的僧俗大德，都可足以使得那些患得患失、见异思迁、浅尝即止的人，处处参学，常常变更他们的老师。时至今日又有某些没有师承的密教，以及民间信仰的鬼神教徒自称上师、自立活佛，纷纷出现世间，而他们也都有一套自圆其说、自成其理、自创其法的宣传，琳琅满目，使人目不暇接。一般没有佛学基础的人，在对修持方法和修行成效有所要求下，也不免处处摸索，见一样学一样，结果很可能招致精神错乱、心理失常、生活失调等下场，而与社会脱节，变成家庭和社会的负担，这是非常遗憾的事。

因此，我们主张要一门深入，不要见异思迁、得陇望蜀。如果你已认定所学的是正统的佛法、正信的佛教，只要没有发生副作用，不论念佛、参禅、持咒，在正常心态下，日积月累不断地修持，都必定会有成效可见。切莫求好奇心的满足、官能的刺激和思想的激荡，应该以平常心去修学佛法的正常道，也就是合理的、人本的、自力的、清净的、利他的，最多加上佛力救济，以求临终往生佛国净土就够了。否则，既想成为佛教的高僧和大德居士，又想通晓古今中外的文、史、哲学、宗教等各种知识学问，便无疑是浪费生命。如此，既不能自利，也不能利他；既不能够充分地自修，也不能够以自己的所长去帮忙他人。

56
何谓专修与杂修?

严格地说，中国人是杂修的佛教。例如：为了求现生的健康、长寿、消灾、免难而持诵《普门品》《药师经》《大悲咒》或念观音菩萨及药师佛圣号；若为求西方的未来利益，便诵《阿弥陀经》，并念阿弥陀佛圣号；若为消除病障、业障，则多半诵持《观音灵感真言》《白衣大士神咒》或者礼拜《水忏》《梁皇忏》等；如果为了超度先亡、亲友，则念《地藏经》《往生咒》、放焰口、放蒙山等。类似的修行方式，既是显教，也混有密教的形式与意味，既是修西方净土，也修东方净土。同一个人在不同的时间，为了不同的目的，就可能用不同的法门。

其实，佛法贵在一门深入，不论用显、用密、诵经、持咒、作观、礼忏或念任何一佛、一菩萨的圣号，修任一法门，只要持之以恒，就有感应，即能达成修持的目的。也就是说，念阿弥陀佛能往生西方，念观世音菩萨也能往生西方；念观世音菩萨能消灾免难，念阿弥陀佛也能消灾免难；作观能够入定、开智慧，持名念佛和念菩萨圣号，也能入定而开智慧；其他以此类推，如诵《金刚经》也能开智慧、消灾、免难、除障、生西方。所以，《楞严经》有二十五种圆通法门，就是介绍二十五位大乘罗汉及菩萨，各人专修一种特定的法门，结果都能一门深入而门门深入。这就像观世音菩萨是耳根圆通，他修音声法门而通达一切法门。

修净土法门的人，能够专精念佛，抱定一句“南无阿弥陀佛”六字洪名，就能得现生利益，也能于临终时受到弥陀接引。有难的免难，有灾的消灾，有障的除障，愚痴的增长智慧，烦恼的减少魔障。如果是学禅的人，只要能抱定一句话头、一个公案、一种现行的方法，就能既得现在利益，又得未来利益，如果愿生净土，也必定能够往生。

唱诵多半是用之于集体修行和在经过长时间禅坐之后的一种调剂。如果是个人修行或比较长时间的定期修行，则不一定要有唱诵。在家居士的早晚课诵，能诵就可，专持某一圣号，专诵某一经典，专礼某一部经，专拜某一佛菩萨，都可以称为专修，也都可以达成所有的修行愿望和目的。如果每天定时持诵、礼拜同样的几种经咒与圣号、赞偈，也可以称为专修，当然，比之前项的专修，此已有杂修的意味。

古来有人专门持诵《金刚经》或《法华经》几千部甚

至几万部，专门礼佛几百万拜，持咒几百万遍；像永明延寿禅师，每天持阿弥陀佛圣号，乃至作息、饮食、大小便利、睡眠的时候，都不间断，那才叫精进专修。一般人不容易做到这个地步，若教他仅持同一经咒和仅念同一圣号，有些人会感到单调，乃至于无聊。所以，每日持诵几种不同的经咒、圣号和赞偈，比较妥当。但是，切忌今天学显教，明天改修密教，早晨求生东方，晚上又求生西方。

57

什么叫作易行道和难行道?

“易行道”和“难行道”，都是学佛修行的菩萨道。首先出现于龙树菩萨的《十住毗婆沙论》卷五《易行品》，介绍菩萨的修行之道，有难、易两种。如世间行路，以步行走陆路，比较吃力艰难；乘船行水路，比较省力容易。难行的菩萨道是指勤行精进，易行的菩萨道是指以信心为方便而致不退转位。

龙树所说易行道的修行方法，是称念善德等十方十佛、阿弥陀佛等一百零七佛，乃至善意等一百四十三菩萨名号。至中国昙鸾大师的《往生论注》卷上，则鼓吹专念“阿弥陀佛”一佛名号，称为“易行道”，宣扬弥陀的他力本愿，乘佛本誓愿力，即得往生彼佛净土，以佛力加持，而入大乘正定之聚。道绰大师的《安乐集》，则将难行道称为“圣道门”，易行道称为“净土门”。到了日本的法然上人，则标出“自力圣道”与“他力净土”，来说明难行道与易行道之不同。

可见，龙树菩萨所说的易行道，是以称念诸佛菩萨来求生十方净土。而中国及日本的净土行者，则以修行阿弥陀佛的净土法门为易行道，仰仗彼佛愿力，往生极乐净土。到了彼佛净土之后，由于所见所闻，都是阿弥陀佛说法教化的设施，耳濡目染，无非念佛、念法、念僧，所以比较容易成就菩提，且能直至位阶不退。

不过若全仗佛的愿力往生者，要至不退转位，必须经过极长的时间。因在彼土无缘修福，但可修慧，修慧能离烦恼，若不修福，便不能成就菩萨功德。故虽容易，却有迂回之感，必须等到位阶不退之后，再到世间广度众生，以修足菩萨的福德，福慧圆满，方能成佛。易行道的殊胜方便，较便利自信不足、罪孽深重的怯懦众生，能使之有得度的希望，并鼓励他们学佛、念佛。

所谓难行道，就是以三大阿僧祇劫的时间，修难行能行、难忍能忍的菩萨道，这是修行佛法的通途。三世一切诸佛都是由于在因地时发了无上正等的大菩提心而成佛。也就是说，发愿求成佛道者，通常是要先成就信心。依据《璎珞经》说，修行信心，须经一劫、二劫、三劫，便得信心不退而入初住位。《起信论》则说：“修行信心经一万劫。”信心成就，然后进入初住位，那才是第一阿僧祇劫的开始，至初地是第二阿僧祇劫的起点，过七地是第三阿僧祇劫的发端，十地满足，三大阿僧祇劫修毕，成为等觉菩萨。例如：观音、势至、文殊、普贤、地藏等，再过百劫即登佛地，这便是难行道。在此期间，舍生受生，做无量布施，修无量供养，亲近无量诸佛，在众生之中，永远是“不为自己求安乐，但愿众生得离苦”。日积月累，我执渐渐消融，福慧时时增长。当无我的大悲究竟圆满之时，便是成佛。

第一阿僧祇劫修满之前，都是凡夫。依天台宗的解释，信心成就之前，称为“外凡”，初住至十回向位，是“内凡”。在凡夫位中的菩萨，是有我的，是有众生可度的，是有烦恼可断的，也是有佛可成的。唯其由于对三宝的信仰坚定，对自己的信心笃实，所以，勇往直前，义无反顾，如法修行。

初住位前的十信位中，若遇魔障、业障、烦恼障、种种报障等，尚有退失信心的危险，所以叫作“有退”。经常进进退退，有时信佛修行，有时又离开了佛法。然其一旦曾经发起菩提之心，就已种下了成佛之因，不论此因的力量强弱，总还有机会再度，乃至于再三再四地从八识田中显现，使之继续修学佛法。到了信心不退之后，从成佛的时间上讲，已经确定；从受苦受难的程度上讲，则风浪越来越强劲，前程越来越艰难，这就是菩萨修行的难行道。中国的贤者、豪杰，不是也有“鼎镬甘如饴”的襟怀吗？菩萨受苦难，是出乎他们的愿力，不是业报。这样的难行道，对菩萨而言，是正常的修行过程。

不过阿弥陀佛的净土法门，也不全然是信心薄弱者所修，依据《观无量寿经》所示，九品莲花往生、上品往生的条件，即有修三福业及发菩提心的菩萨行，故也不是全赖弥陀的他力往生。唯有下品往生，是全仗阿弥陀佛本誓愿力的他力救济。

58

忍气吞声就是修忍辱行吗?

忍辱是六度中的第三度，“度”是度过烦恼苦海之意，而“忍辱度”的确也有忍气吞声的意思。比如《遗教经》说：“能行忍者，乃可为有力大人。若其不能欢喜忍受恶骂之毒，如饮甘露者，不名入道智慧人也。”《瑜伽师地论》卷五十七也说：“云何忍辱？谓由三种行相应知：1. 不愤怒，2. 不抱怨，3. 不怀恶。”另《大智度论》卷六亦云：“众生种种加恶，心不嗔恚；种种恭敬供养，心不欢喜……是为众生中忍。”同书卷十五也有：“忍诸恭敬供养众生，及诸嗔恼淫欲之人，是名生忍。忍其供养恭敬法，及嗔恼欲法，是为法忍。”在《优婆塞戒经》卷七也另示如下：忍有两种：第一是世间忍，就是能忍饥、渴、寒、热、苦、乐；第二是出世间忍，即能忍信、戒、施、闻、智慧、正见无谬，忍佛、法、僧，忍骂詈、挝打、恶口、恶事、贪、嗔、痴等，能忍难忍，能施难施。

从以上所引经论内容看来，“忍辱”二字的涵义甚广，有拒受诸乐而接受诸苦之意。无理的侮辱不是一般人所能忍受，拒绝美女的投怀送抱，也不是普通人能够做得到的，而信受佛法中的种种法门，更不是一般人所能够办得到的。一般而言，若与自己无关的事，大致能够忍受，若与切身的名利、眷属、男女等相关诸事，那就不容易忍了。

佛法不仅为个人忍，也要为众生忍。到达无诤的程度时，就成了八风吹不动，即对利、衰、毁、誉、称、讥、苦、乐的八种现象，无一不能忍的境界，所以解脱的菩萨称为“已得无生法忍”。对于内六情的眼、耳、鼻、舌、身、意等不着，于外六尘的色、声、香、味、触、法能不受，即称为“法忍”。如能遇迫害而不嗔，受供养而不喜，既无能受的我，也无使我接受的他，能达如此，则称“生忍”。此不仅是圣位菩萨的境界，也是修行佛法的目的。能忍就能安己安人、和衷共济，所以忍辱是建立和乐人间的最佳准则。

根据这样的标准，好像忍辱就是忍气吞声，一切的冤枉、侮辱、毁谤、打击，都应该全部接受，没有反抗的余地似的。然而事实并非如此，我们必须注意，如果不是出于智慧的忍辱，很可能造成更大的灾难，因此透过智慧的观照，应当是十分重要的。比如说，风雨水火的袭击，是无法控制的，但是仍可以未雨绸缪，设法避免，来减少伤害、损失。

业报是要正面接受它，但也可以经过努力，来改变业报的程度和方式。

所以，若对双方无损并且有益的事物，那是必须接受的。如果对他有益，于已无益，也应考虑接受的；若对双方都是有害而无益，那就需要设法避免或转变它了。例如：明明知道对方是醉象、疯狗、狂人，见人就咬，逢人就杀，就当然要设法制止，因对方已经不幸，切莫让他再制造更多的不幸。但也不可存着“以牙还牙”的报复心态，应是基于慈悲的原则，自己时时加以反省和惭愧忏悔。对于丧失理性的人，应该通过制约、教化等方式和方法，使他们得以恢复正常。这对他们自己本身以及整个社会，乃至所有的众生，都是有大功德的。

59

学禅若终生不悟怎么办?

禅宗所说的悟，是摆下万缘、心无执着，既无可求、亦无可舍。一念能够摆下万缘，此一念就在悟中。顿证、顿悟是没有渐次、不假阶梯的，所以也没有必要顾虑到临终时悟与不悟的问题。

禅的修持，切忌将心求悟、以心待悟。求悟不得悟，待悟即是迷，因为企求和等待都是妄念、执着、攀缘、放不下。所以，真正的禅者，知道有悟这样东西，但并不以悟境的贪求为修行的目标。悟境是在修行之前的一种观念，在修行的过程中，必须将此观念摆下，才能真正得力。所以，禅者修行，重视过程不重视目的。在修行过程中依照明师的指导，用正确的方法，精进不懈、勇往直前。所谓一掴一掌血，一步一脚印，贴切着每一念，不容瞻前顾后，念念不断、丝丝入扣、绵绵不绝，功夫自然得力。得力之后，始知悟与不悟、生死与涅槃，和修行了不相关。

但是一般初学佛者，虽已知道生死是苦海、涅槃是彼岸，但却不知生死和涅槃之间，并没有绝对的界限。所以要畏生死而求涅槃，认为未悟之前是为烦恼所缚、为生死所苦、受众苦煎熬，但若一旦开悟，就能了生脱死、得大自在。殊不知这是方便说，是为迷人说，不为悟者说，以此诱导迷人来修学佛法。一旦进入佛门，生信起修，就要告诉他们，修行不为目的，悟境也是执着，除执着才能开悟，才能离开生死的烦恼。如能有此认识，即不会再有求悟、待悟之心。

倘若一生修行，都不得力，也就是自始至终，无法体验舍执、离执的功夫。经常都在畏生死、求菩提的心态下，努力修行，那更不必担心死后下堕三涂了。因为心向涅槃，总比心向地狱来得好。佛法重视愿力和业力，依愿力为前途的导向，但因修行时业力的障碍，此生虽然可能无法得到解脱，但也不会离开三宝。此生若不成，来生可再继续，在愿力的引导下，努力于戒、定、慧三学的修持。也就是持戒的福业及定业、慧业，三者相加，必能使之上生天国、往生净土，乃至成就菩提，至少也还能够转为人身，继续学佛修行。

所以，修行的禅者，第一，不必为死后的去向而担心。第二，如果自己功力浅薄，没有把握，没有自信，不知自己的愿力有多强、修行的功夫有多深。唯恐由于愿心不强，戒、定、慧三业的功力不够，临命终时会受到恶业的影响，魔冤的牵引，而离开三宝，堕至三涂，于此出没生死，再也无法回头，那就最好一方面依弥陀的本誓愿力，以求往生西方净土；一方面以禅修等一切的修行功德，增长往生净土的资粮，这样是最可靠的。

所以，中国在宋朝以后，禅净交流且倡导禅净双修，是以禅的方法和求生净土的愿力两者并重。倘使禅修的功夫得力，则自可不愁悟或不悟，不然的话，也能以殊胜的净土为其暂时的归宿。

60

“此生不了道，披毛戴角还”是真的吗?

这是一个似是而非的问题。了道是了什么道?为什么要披毛戴角还?上焉者，有人道、天道、声闻道、菩萨道与佛道，下焉者有地狱道、饿鬼道、畜生道。因为高下不等，不得笼统地说“了道”二字即可。当然，通常说的了道，是指出生死、离三界，这又分成易行道和难行道。

如果是易行道，任何人只要发愿求生西方阿弥陀佛的极乐净土，就能横出三界。难行道要经过三大阿僧祇劫的难行能行、难舍能舍、难忍能忍的菩萨道，方能成佛。历第一大阿僧祇劫满，才能出离三界，这是一般菩萨成佛的通途。我们没有发现初发心菩萨对于修行的前途产生怀疑的记载，只要信心坚固，愿心正确，终极的目标不变，就不必畏惧不堕，更不必畏惧披毛戴角的生死现象。

诸佛菩萨在修行过程中，往往是适应众生需要而示现不同的身份和形相，所以，在《本生谭》中，记载释迦世尊在因地时曾为种种的动物，已度种种动物中众生。中国禅宗史上的南泉普愿禅师，也说死后到山下村庄里做水牯牛。因此，作为一个真正的修行人，只知当下努力修行，至于是否能够出离三界，应该采取只顾耕耘不问收获的态度。

畏惧披毛戴角还的人，他是不敢修行的。鼓吹此生不了道，就要披毛戴角还的人，一定不是正信的佛教徒，更不能体认到大乘佛法的襟怀。这种观念阻止许多人出家修行，也使许多已经出家的人感到沮丧和失望，更使得许多出家人变得自私自利，急于自了，不能够产生利益众生、净化社会的愿望，所以，佛教被人指为消极、逃避、悲观。最初这种“此生不了道，披毛戴角还”的观念，本不出于佛教，乃是出于破坏三宝的阴谋。因为即使在佛世，也没有要求所有的出家僧众必须即身成就，因此，正常的佛道，是不恋生死，也不畏生死的。

前面所说有心破坏佛教的斋教徒们，自己不出家，故说道降火宅，而不降僧中，出家修道也不得道，既不得道而受信施，当然要变做牛马来还债了。其实出家僧尼的生活，多较常人清苦，照顾信徒，服务寺庙，而取得微分的生活所需，还要他们来生变成牛马抵偿吗？除了站在敌视僧尼的立场之外，对此说法，实在找不出更好的理论根据。故也可说，这跟“地狱门前僧道多”的流言，同样的恶毒！事实上，佛在世时，制定比丘托钵，称为“化缘”，以托钵的形象，与在家的信众接触，并为他们祝愿，就是代佛宣化，就是报答信施。出家的形象本身就能使人产生离欲、离苦的作用，何况再用佛法化导，其功德岂能与用劳力生产来求取生活所需的方式同日而语。

以宗教的立场而言，纵然出家人住于寺院而不与世俗接触，也未能即身成就，只要每日课诵不断，为社会、国家、人类、世界众生的幸福祝愿，已经功德无量。所以在《出家功德经》里说，一天出家也有无限的功德，何况是发了终生出家的弘愿之人。因此，出家修行是多生多劫的事，不是临渴掘井式的急救行为，没有必要在一生之中急求自了。

如果此生不了生死，尚有两条路可走：一是以弥陀的本誓愿力，求生西方；一是以自己的愿力，累劫修行。只要信心坚固，愿力不退，就可保证在修行的道上，一路前进，纵然由于初发心的缘故，有时会信心不足、愿心无力、修行不得要领，只要发愿修行，向往出离，出家也比在家牵挂更少，障碍更小。纵然不能够保证未来生中永不堕三涂恶道，也不会比在家身份者堕落的机会更多。

61
“地狱门前僧道多”是真的吗?

地狱思想，在释迦世尊出生以前的印度就有了，而在佛教传入之前的中国，也已有了人死之后下黄泉的说法。西方的基督教，也提到关于世界末日之时，不信基督，特别是不被基督宠爱的人，即入炼狱的情形。可见，地狱思想是人类宗教的共同信仰。不过对于地狱的描述和看法，因了地域、时代及文化背景的不同，而颇不一致。此由于各民族、各宗教的信念互异，所见地狱的景象也不一样，在某一宗教认为可生天堂的人，在另一宗教竟又是要把他们收到地狱里去。

印度佛经里所说的地狱，有八寒地狱、八热地狱、各有十六游增地狱。八寒、八热为根本地狱，十六游增称为近边地狱。尚有处于山间、树下、空中的孤独地狱，另有十八地狱之名。

佛教对于地狱的描述，初见于《杂阿含经》卷四十八，谓有大火赤红的地狱。其详细的分别叙述乃见于《长阿含经》第十九、《立世阿毗昙论》《杂阿毗昙心论》《大毗婆沙论》《俱舍论》《涅槃经》《瑜伽师地论》《大智度论》等。

中国民间相信人死之后，经过十殿阎王的审理问案，每一殿都设置不同的地狱和刑罚。此在印度传来的佛经中并无根据，而是出于中国民间传说的《十王经》，据说是由成都大圣慈寺的藏川传出。道教也传有十殿之说，并有一百三十八所地狱。类此信仰的源流，总不外乎出于感梦、扶乩、降灵、死而复活者等所辗转流布，其阎王之名虽渊源于早期印度的《梨俱吠陀》，但他是住于天上，是司理死亡的神，渐渐地，阎王降住地府。至于衍生出十殿之说，乃是后期中国人的信仰了，此与君主时代的司法程序有关，各级首长兼理各级法院的职责，十殿阎王问案，一如人间的知县、知府、尚书乃至皇上亲审。所见地狱景象，也以各人所熟悉的人间环境为样本，中国古人所知的地狱中，没有非洲的黑人及欧美的白人。由于时、地、风俗、信仰的不同，所见地狱也不同，佛说：“万法唯识，三界唯心。”地狱在众生心内，实有其事，又不必尽同，既不可否定地狱的存在，也不必拘泥、执着于诸种有关地狱传说的必然。

佛经中叙述到堕地狱的例子也不少，早期是指犯了杀父、杀母、杀阿罗汉、出佛身血、破和合僧的五逆罪者，会堕地狱，例如佛的堂弟提婆达多及其伴党，堕入地狱，渐渐演变成为凡是做错了事，不论轻重，都要下地狱之说。而在比丘及比丘尼律所见犯戒、破戒的过失，仅有数条极重过失为不可悔。所谓不可悔，是指失去戒体而被逐出僧团，再受国法死刑的制裁者；可悔则有对众人、对数人、对一人忏悔及对自己良心的忏悔。而僧尼律中处处都说：“犯过者当忏悔，忏悔则安乐。”又有说：“有戒可破是菩萨，无戒可犯是外道。”并没有强调凡是破戒便入地狱的观念。

罪过又可分成戒罪和性罪，所谓性罪，是指造恶行为的本身就是罪，不论受戒不受戒，犯了过必须受报；戒罪则是在受戒之后，增加持戒功德，倘若犯戒，便在性罪之外另加戒罪。所谓戒罪者，是指持戒有功德，犯戒有罪报，持戒是对一切众生，所以功德无量。犯戒只能对少数众生，所以破戒的罪过再大也不及持戒的功德之多。

受戒有约束的功能，悔过有洗心的功能。罪有轻重，犯了极重的戒罪及性罪者下地狱，其他的轻罪，则随类受报，生于人、鬼、异类群中，都有受报的机会。由此可知作恶、犯戒未必全下地狱。虽有一部晚出的《日连问经》，强调事事都可能下地狱，这在早期的《阿含经》及律中尚没有见过，否则易于使人误会：不信佛不学佛还不至于下地狱，信佛学佛后反而容易下地狱，那还有多少人敢来信仰佛教而学佛修行呢?

所谓“地狱门前僧道多”这句话，既非佛家语，也非道家语，而是在明朝之后，从一些斋教的乩坛、灵媒的口中传出。斋教徒众都是在家人，他们剽窃儒、释、道三家的若干名词和观念，似是而非地组成新兴宗教和秘密结社之民间信仰。因为他们是在家人的宗教组织，所以，在排斥他教及吸收信徒的利益冲突之下，不得不跟出家的僧侣及道士，采取敌视对立的态度。因而传出“道降火宅”的口号，鼓吹俗人修行容易生天得道，渲染捏造出家修道者的困难、黑暗、腐败，宣扬僧道都下地狱的观念。他们在通过市井间的口耳相传，便成了一句“地狱门前僧道多”的流行语，既可丑化僧道的形象，也可吓阻优秀的俗人出家为僧道。然而其既非出于佛经，自可不必介意。不过必须指出，这句口号乃是出于斋教徒的杜撰故事，目的是为了侮辱佛道二教。

像1920年云南昆明西边洱源县的几个斋教乩坛所著的《洞冥宝记》中，就极力指控僧侣不守清规，捏造和尚堕地狱、受刑罚的故事。此见于研究院的某位研究员为一贯道护航而写的《天道钩沉》三十页。该研究员虽未承认是一贯道的信徒，但该书凡是涉及佛教的和尚之处，便采攻击、辱骂、尖酸刻薄的态度，否定出家修行者的道德价值，而一味地引述强调在家斋教徒如先天、龙华、一贯道等所谓道亲之间的利乐，虽然引用了不少数据，但都缺少理性的抉择，乃是出于一种情结的表现。从他的那本书中，可以领略到传教士师的狂热气焰，却无法想象他是一位研究院的学者。

须知：凡有人事，就有弊端，僧中难保没有破戒、犯戒的人，释迦制戒就是为了防范、制裁、处理这些事件。儒家说：“人非圣贤，孰能无过。”出家的凡夫，在未修成圣贤之前的修学阶段，因为不清净，所以要求戒。受戒是修行的起点，跌倒了再爬起来，犯了戒再忏悔，乃是正常的事。斋教徒们，自己不愿受出家戒的约束，反而诋毁出家人持戒不严，并且夸张出家人的犯戒罪行，其存心是显而易见的。

62

“学佛越久，离佛越远”是真的吗?

经常听说：“信佛三天，佛在眼前；信佛三年，佛在西天。”这似乎表示，学佛越久，离佛越远是肯定的事实。其实这是对佛教的一种误解，认为“放下屠刀，立地成佛”，就等于完成了究竟圆满的佛果。也就是说，只要心回意转，马上就可以花开见佛或者立即成佛。而一旦信佛并开始学佛之后，才知道成佛并不是那么容易的事。

事实上，学佛之道可分为两种：一种叫作难行道，从初发菩萨心，到修行自利利他、难忍能忍的菩萨道，要经过三大阿僧祇劫，才能完成佛道。另一种称为易行道，要学念阿弥陀佛圣号，凭借佛的本愿力，先求往生西方净土，经过长时间的熏闻，证得圣位的菩萨之后，再以自己的愿力，回到世俗的凡夫群中，广度有缘的众生，积聚智慧与福德资粮，直至功行圆满，方能成佛。所以学佛越久，知道佛法越深，才了解从凡夫到成佛的路程是相当遥远的。

因此，所谓“放下屠刀，立地成佛”，意指在逐渐地成就佛之功德的开始，亦即指完成了自己能够成佛，也必将成佛的第一步。认同众生与佛本来一体，无二无别，只是在迷为众生，悟即为佛，并不是说，当我们承认自己有成佛的可能之时，就已同时完成了佛的福德和智慧。

也有一种情况是，学佛之初勇猛精进，觉得佛果指日可期，而且他们也的确能够重重突破，似乎烦恼迅速消除，智慧速疾增长；但是日久之后，仍然觉得烦恼未除，反而感受到障碍重重，业障、魔障、病障层出不穷。如此一来，可能有两种结果：知道了学佛成佛不是一朝一夕或一生一世的事，乃是多生多劫不断修行的事，所以不再急于成佛，而能改采脚踏实地、逐步前进的心态，甚至抱持不问收获但自耕耘的态度，努力修学。另一种则是对于佛法失去信心，认为开悟成佛之说，只是一种观念或理想，解脱烦恼，转凡成圣，乃是不可能的事，所以放弃修行或者改信其他宗教，以期获得另一种方式的归宿。

综合以上诸种情况，可得一个结论：“学佛越久，离佛越远”的问题，是基于“断烦恼、证菩提”的观念而起。如能体会到无求、无得，方证无上的佛道，但以佛法用之于现实人间的日常生活，即能解除许多矛盾的心结或情结。若不急求断烦恼证菩提，烦恼自然已在减少，那样的话，不仅不会感到学佛越久离佛越远，而且会使你突然发现，佛就在你的眼前。只要自心与佛的慈悲与智慧相应，自心即是佛的全体大用。因此，《宗镜录》的作者永明延寿禅师主张："一念相应一念佛，念念相应念念佛。"若将佛的慈悲与智慧，应用于日常生活，而不急求了生死证涅槃，岂会产生"学佛越久，离佛越远"的误解？

63
“卍”字是什么意思?

“卍”字是佛的三十二种大人相之一。据《长阿含经》说，它是第十六种大人相，位在佛的胸前。又在《大萨遮尼干子所说经》卷六，说是释迦世尊的第八十种好相，位于胸前。在《十地经论》第十二卷说，释迦菩萨在未成佛时，胸臆间即有功德庄严金刚卍字相。这就是一般所说的胸臆功德相。但是在《方广大庄严经》卷三，说佛的头发也有五个卍字相。在《有部毗奈耶杂事》第二十九卷，说佛的腰间也有卍字相。“卍”仅是符号，而不是文字。它是表示吉祥无比，称为“吉祥海云”，又称“吉祥喜旋”。因此，在《大般若经》第三百八十一卷说：佛的手足及胸臆之前都有吉祥喜旋，以表佛的功德。

卍字的符号，有向右旋——卐，有向左旋——卍。根据《慧琳音义》第二十一卷、《慧苑音义》及《华严经》等，总共有十七处说到卐字相是右旋。但是《陀罗尼集经》第十卷所示摩利支天像所拿的扇子中所画的卍字相乃是左旋——卍。还有日本奈良的药师寺的药师佛像脚下的卍字相也是左旋，但是多数的记载是右旋。最早在印度教的主神，如毗湿筊及克利辛那，胸前就有卍字相。在古印度的传说，凡能统治世界的转轮圣王，皆具有三十二种大人相。佛是法中之圣王，所以也具三十二种大人相，此在《金刚经》中就有记载。

在近代，右旋或左旋，时有争论。而大多数都认为右旋是对的，左旋是错的。尤其是在20世纪的40年代，欧洲的希特勒，也使用卍字相来作为他纳粹主义的标志。此后，即有更多的争论，有的说希特勒所用的是左旋，佛教所用的是右旋。其实在唐朝的则天武后时代，曾经创造了一个字——卍，念作“日”字，象征太阳的意思，就是左旋；希特勒使用的是斜角形的卐，佛教则是正方形的卍。至于印度教则以右旋表示男性的神，左旋表示女性的神。而藏传佛教用右旋，苯教（bon-pa）则用左旋。根据日本国士馆大学光岛督博士的研究，卍字本非文字，公元前8世纪时始见于婆罗门教的记载，乃是主神毗湿筊的胸毛，是称为Vatsa的记号而非文字，至公元前3世纪始被用于佛典。到了公元后1世纪时，又更名为Ṡvastika，本为牛犊头部的毛发螺旋相，演变成主神毗湿筊的胸毛相，后成为十六种大人相之一，又成为三十二种大人相之一。

总之，在佛教不论右旋、左旋，卍字均系用来表征佛的智慧与慈悲无限。旋回表示佛力的无限运作，向西方无限地延伸、无尽地展现，无休无止地救济十方无量的众生。故亦无须执着、揣摩卍字形相的表现是右旋或左旋了。

64

莲花在佛教表示什么?

在佛经中说，人间的莲花不出数十瓣，天上的莲花不出数百瓣，净土的莲花千瓣以上。

莲花表示由烦恼而至清净，因为它生长于污泥，绽开于水面，有出淤泥而不染的深一层含义。而莲花除了莲瓣，还有莲蓬、莲子，莲瓣，莲蓬可观赏，莲子可食用；莲子又可生长，栽培更多的莲花。莲花开放于炎热夏季的水中，炎热表示烦恼，水表示清凉，也就是在烦恼的人间，带来清凉的境界，这都是莲花所表征的美德。

所以，比喻从烦恼得到解脱而生于佛国净土的人，都是莲花化生的。

三界的众生，以淫欲而托生，净土的圣人，则是以莲花而化身，因此，莲花表示清净的功德和清凉的智慧。对于圣人而言，是无形的，显现于凡夫之前，便以人间所熟悉的形象来表现。

所以，我们所见的佛像和佛经中介绍净土佛国中的圣贤，都是以莲花为座，或坐或站都在莲台之上，是代表着他们清净的法身、庄严的报身。

65

燃顶、燃臂、燃指有必要吗?

根据原始佛典以及比丘戒律，凡是损毁、伤害、虐待自己的肉体，均非佛所允许。至于印度苦行的外道，用火、用水、用刀，以及种种自虐方式，使自己的肉体受苦，作为修行的方法，目的是为自己赎罪而求得神的宽恕。

其起源可能跟用动物乃至生人祭神有关，神类喜欢血食，以生肉供养是表示最高的虔诚。然而，即使用苦行能达到某些目的，却不是佛教修行的方法和方式。所以，比丘戒规定，凡四肢残缺五官不全者，不得受比丘戒。

可是，在大乘经典中，就有燃顶、燃臂、燃指的记载。例如《梵网经》轻垢戒第十六条说："若不烧身臂指供养诸佛，非出家菩萨。"又在《法华经》的《药王菩萨本事品》，也有燃身供佛的记载，其中说："若有发心，欲得阿耨多罗三藐三菩提者，能燃头指，乃至足一指，供养佛塔，胜于国城妻子及三千大千国土、山森河池、诸珍宝物，而供养者。”大乘的苦行，是由释迦牟尼佛的因地修行的方式而来，他在往昔修行菩萨道时，曾做种种的舍身供养及救生供养。比如他曾经为了向罗刹恶鬼求得一偈，而不惜投身相喂；又曾在雪地见到饿虎，因缺食物，几只幼虎也将饿死，所以投身饲虎。这是基于“难行能行，难忍能忍”的菩萨精神而倡导苦行。

苦行的本身跟神教所修的苦行不同，也和以生人血食祭神的意义不同，在《高僧传》中，有《忘身篇》及《遗身篇》，专门搜集舍身修行的高僧事例。千古艰难唯一死，人无不爱惜自己的生命，若能以身相舍或用火烧身，那是需要很大的决心和忍苦耐心的。

但是，正常的修行法是以人的行为为标准，以人间的伦理思想为基础。若有违背常情常理的行为，便不是常人所能用而当用的，否则会使自己产生更大的烦恼，并且招致他人的非议。修行应根据原始佛教的精神，以人间身修行，佛法应是普遍大众都能接受的修行方法。如果强调特殊的菩萨行，而忽略了人间性、人类的共同性以及社会的普遍性，那就很难产生普化世间的功能，至多只让人评为奇行和异行而已。如此即使能够博取若干人的尊敬，也不能达到佛法普及化的效果。

燃指焚身的例子，在近代有八指头陀敬安禅师燃掉两指，在越南有广德焚身，在中国台湾也有某法师燃去一指，其目的都是为了某一桩心愿。这些行为者的存心和勇气值得赞叹，但是我们不应效法，否则就偏离了佛法住世的正途。

至于燃顶虽有根据，出家人受戒烧戒疤则没有出典可察，而且也为时不久。在佛教流行地区，不论南传北传，除了中国之外，没有一个国家有此习俗。在明末清初之前的中国，也没有这样的风气。中国在“文革”之后，恢复传授三坛大戒，也废止了这项规定。只有某些地方还在新戒头顶烧香疤，然而这大概也烧不了多久了，所以我们不必提它。至于头上烫十二个、九个、六个、三个乃至一个香疤，都没有多大意义，只能说，烫得越多，表示发心越诚。如果是出于戒师们的硬性规定，那跟发心者本人的愿心无关。所以，我极不赞成戒师规定烧戒疤。

66

在家学佛与出家学佛的不同在哪里?

居士能够说皈依吗？居士可以讲经吗？居士可以化缘吗？居士可以主持寺院吗？居士能为信徒念经、拜忏、超度吗？居士能够参与和干涉出家人的事务吗？

以上六个问题常有人问起。照理说，那些都是出家僧众的分内事，非居士所当做，万一做了，即失去在家学佛的立场。否则应现出家相，不该一方面舍不得离俗出家，另一方面又要模仿出家生活，享受出家人的权利，这不是在家学佛的本意。在家学佛是为了获得佛法的利益而学佛修行，护持三宝，是三宝的外护，不是三宝的核心。

然而，时代变了，出家人少了，需要佛法和佛事的人数却增多了。在没有出家人或很少出家人的地方，也允许在家居士代说三皈。三皈的本意是恭敬皈命佛法僧三宝，其是以僧宝来说三皈，不是在家居士说三皈，皈依僧宝也不是指皈依在家居士。我曾写过一篇短文《僧伽未必是僧宝》，收在《明日的佛教》一书中，其中对三皈对象的僧宝，就有很详细的说明。

总之，居士虽不可越俎代庖，自称皈依师，但他们可以在无人说法处及无人说法的时地，代替僧宝中的某一位大德法师说三皈。不过，对一般众生，如种种动物，其不论死活，任何佛教徒都可随时为之说三皈，使众生普种善根，作为未来得度之因。

至于讲经说法，在佛世就有居士代佛说法的例子，甚至也有长者居士代佛为僧众讲授法义。如大乘经中，就有维摩诘居士说法，胜鬘夫人也有说法的记载，因此，居士说法应该没有问题。依古来惯例，居士不得以说法来赚取生活费用，是因为居士有他自己一定的谋生方式，不靠讲经说法维生。但是，目前这个时代一切讲求专业，弘法也须专业化。如果居士以弘扬佛法为专业，应该酌量收取报酬，作为养家活口的生活之资和交通所需。然而，若以讲经说法为敛财手段，大受供养，漫无限制，那就不是学佛的居士应有的心态了。除此之外，今日或明日的居士，若为佛教的文化教育及行政工作做专业性的服务，也应该接受适量的待遇以维持家计。

至于化缘，其本意是让没有接触过佛法的人有接触佛法的机会，所以比丘要沿门托钵乞化善缘，原来目的不在饮食，而在种植信佛学法的善根。现代人提到化缘就联想到向人要钱，这并非佛法的本意。当然，透过乞化而使在家人布施，双方都得实益，不过不能本末倒置，不能表面给人佛法而目的在于要钱。现今化缘多半是为建筑寺院，很少是为了个人生活，也有一些是团体和寺院乃至个人，为了举办、促成某一种文化教育慈善事业而产生，比如印经，办学校，建医院、孤儿院、养老院等，面对此等活动，出家人应该做，居士们当然也应该做。

中国近代史上有一位乞丐教育家武训，就是以要饭来办学，这是值得鼓励的。因此，居士化缘，但问其目的何在，不是可以或不可以的问题。若为拥护三宝，为社会福利，都可以，但若为购买私人住宅而假借佛堂、寺院之名来营个人私利、图个人享受，那就是违背因果的。

寺院，《法华经》称之为塔庙，原本是用来供佛舍利的，后来才作为珍藏佛的法宝。在有佛有法之处，一定有僧人照顾，所以在塔庙的旁边有僧房，这就完成了住持三宝的形象。俗人亲近三宝，若住于寺院，称为“近住”，其目的是学习出家的威仪及修行的生活，并且为僧伽大众服劳役，称为“耕种福田”。

佛典中尚无居士主持寺院的成例，但是近世以来，日本的佛教以在家居士为中心。他们住于寺院，生儿育女，代代相传，是职业的宗教师家族，和一般的在家居士不相同。另外，像民初的杨仁山、欧阳竟无、韩清净，都是以居士身而主持佛教教育和文化事业的。他们都有道场，但不以寺院称之，比如祇园精舍、金陵刻经处、支那内学院、三时学会等。

因此，近代不乏名居士主持各类道场的例子，都是用精舍、学会、学院、莲社、居士林、居士会等名称，不曾用过寺院的名目。如果居士一定要主持寺院，那可能是密教在家派的喇嘛或是神道教的庙祝，而不是住持。因为寺院的住持是代表住持三宝，居士既非三宝之一的僧宝，怎能当住持？名实不符，是违背佛教伦理的。

凡是佛教徒都应该念经拜忏。佛教既然鼓励生前结社共修，死后也当有同修的助念超度。因此，居士当然可以替人助念，为人超度。不过，问题在于若干在俗之士以为人诵经拜忏超度亡灵为专门职业，如先天、龙华、一贯道等斋教就有这种情形。他们平时不敬僧宝，一旦有人过世需要超度，就出现专为亡灵超度的斋公斋婆，且学僧尼常用的经忏佛事到处赶场。他们既是职业性的诵经团、拜忏队，当然就不免论工计酬，然而这种现象是佛法所不许的。

也有人问，居士能否使用法器敲打唱念？这应该不是问题，只要是用来诵经拜忏、修行佛教仪轨，而不是作为赚钱谋生的途径，就没什么不可。问题是，学会法器的敲打唱念之后，很可能被人东邀西请，忙得不可开交，以至舍弃了自己的本行职业而把经忏佛事当成专业，这是必须防止的事。在家居士的谋生方式有很多，若用修行的方法谋生，虽不会饿死，也不会大富，正信的居士何必要下海去赶经忏?

至于出家人的事务，所谓僧事僧管僧了，居士不得参与，更不可干涉，这就好比你不是某团体的成员而去干涉该团体的事务一样，参与已属不可，何况干涉。所谓僧事，是指出家人的生活、威仪、戒律的清净与否以及僧众之间的相互摩擦等，居士如果过问，就像自己不是军人身份而走入军营去论断军纪或处理军人的事务。

出家人本为一体，因为是凡夫，所以他们之间可能有矛盾。但是僧无隔宿之怨，更无不共戴天之仇，小小摩擦转眼即了，所以往往以不了了之的方式来处理僧众的琐事。如果居士插足进去，反而使得事情扩大，而且口舌更多。所以居士进入寺院，只需热心护持，不可帮一个说一个，谈论是非，制造纠纷。常言说，不看僧面看佛面，你是为信佛、学佛、护持三宝而亲近寺院，故不要因为见到你所不顺眼的僧众现象而生讥嫌，自寻烦恼。

67

以出家僧众为佛教重心的传统能继续维持吗?

这的确是一个非常尖锐的问题。

佛教从印度到中国，乃至到韩国、日本和越南，两千五六百年来，没有发生过这个问题。但是在一百年前，日本佛教由于明治天皇时代实行维新政策，并且为了增加人口而对外扩张，所以对于佛教的出家僧众施以种种的压力，使他们娶妻吃肉，从此之后，日本佛教渐渐转变为在家人住持寺院的风气。因为他们是专业的寺院经营者，所以仍被视为僧侣。到了二次大战之后，韩国也出现了在家的佛教教团，迄今为止，韩国就有出家和在家两派共存而不互容的事实。除了日本、韩国，其他一些地区，也渐渐有了独立的居士佛教组织。他们虽不反对出家僧团，也不一定作为出家僧团的外护者。当然，由于一向的标准观念，居士不能代表僧宝，所以还没有人以居士的身份，明目张胆地接受信徒的皈依。然而，这种现象还能够维持多久而不变质？这需视出家僧团弘法力量的强弱以及人才人数之多寡而决定。如果僧中无人才，不能领导四众的弟子，则中国佛教转为以在家居士为中心的时日不会太远。

在佛的时代以及佛涅槃后几百年中，僧中龙象辈出，在家居士依止僧众修学佛法是正常现象。到了大乘佛教抬头之时，就有以在家居士为中心的观念出现，比如《维摩经》中的维摩诘居士，就是最好的例子。中国在明末之后，居士佛教也渐渐抬头。民国初年以来，居士的人才也出了不少，甚至印光大师也多以居士为摄化对象。想其目的，也在于与其让居士脱离僧众，不如以一代大师的身份，专门摄化他们为三宝弟子。今后的僧众是否能够维持传统的地位，要看僧众之中是否有人能够感化居士，摄皈其为三宝弟子。

据我所知，今日有不少的大德居士，虽然也学佛，但不请求僧众举行皈依三宝的仪式。因为在《六祖坛经》里言："若欲修行，在家亦得，不由在寺。在家能行，如东方人心善；在寺不修，如西方人心恶。但心清净，即是自性西方。"致使一般自视较高的居士，不愿向僧众稽首顶礼，自称弟子。另外，根据净土教典，往生西方不一定要以皈依三宝作为条件，虽然《观无量寿经》主张中上品以上者需要受持三皈依，具足众戒，但是中品下生、下品上生、下品中生、下品下生，没有规定要受三皈，只要临命终时，恳切持念阿弥陀佛名号即可。

当然，中国是以儒家文化思想为正统，历数千年而未尝衰竭。信佛而崇儒或崇儒而信佛，都是抱着和僧众为方外交的态度。虽然曾经有过皇帝、皇太子、宰相、大臣，如梁武帝、则天武后、唐宣宗、张商英等，对大德高僧执弟子礼，但总是少数。因此，历来中国佛教信徒虽然很多，但真正皈依三宝，称为三宝弟子的比例却不多。佛教主张依法不依人，教团以三宝为中心，不以特定的个人为对象。但是中国人一向持有“人能弘道，非道弘人”的观念，以人为重，以法为轻，若有学行俱优、智慧与慈悲并重于世的高僧出现，自然形成以僧宝为佛教中心的局面。

不过，今后的情况可能更为艰巨。因为面临科学文明、民主思潮、自由情执，要使僧众受到广大群众的拥护与皈敬，必须付出相等的努力和代价。其实，是不是能够保持僧宝为佛教的重心，应该不是问题。如果重视僧才的培养、储蓄和适当的应用，僧众因为没有家室之累及世务之缚，无论在学问和修持、智力和悲愿，都应该平均优于在家居士。我们不必为将来谁是佛教的重心而争论、担心，但看我们僧众对未来社会的前瞻和因应，能否掌握住不变随缘的方向而定。

68

未来的社会还有人出家吗?

上一条举出《六祖坛经》及《维摩经》的例子，可见在家也能修行，修行不一定要出家。由于社会环境的变迁、人类生活方式的转变，想要出家和能够出家的人，必然越来越少。

现在，可以有几千几万个人共同工作的工厂和公司，却很难见到几百几千人的出家僧团再现。因为工厂等工作场所的从业人员，都有他们各人的家，家庭生活和工作环境是分开的，在紧张、激烈或单调的工作之余，尚有休闲、娱乐等的享受。

出家的僧团则不同，从朝至暮，从天黑至天明，日复一日，年复一年，都是生活在清苦、单调、规律、精进、不放逸的状态中，除非具有深厚善根、坚忍毅力和宏大愿力者，否则很不容易适应。

过去，出家的僧众住于深山大泽的丛林之中，不易受到物质世界的诱惑。而今天较大的寺院，都成了观光胜地，寺院的僧侣，不得不和来自各方的善男信女以及观光的旅客有所接触。为了经营寺院，弘扬佛法，也不得不深入民间。因此影响到出家人修道生活的宁静和清净，除僧相、茹素、不结婚和没有个人财产之外，几乎和在家人相似。所以一般根器的人，如果不遇到大善知识的提携、勉励，很难自动发心出家，出家之后，也很难至死不渝。

当然，三世诸佛成佛，都是现出家大比丘相。历史上的罗汉，不论男女，都是出家相，古代各宗祖师，绝大多数也是现出家相的。

因为出家的生活方式，依据戒律而住，自然而然可以免除许多的困扰与牵累。

对个人而言，能够专精于佛法的修学与福慧的增长；对社会大众而言，可以心无旁骛，全心投入，奉献出自己身心的全部，为佛法的弘扬、对众生的救济做最大的努力，虽在不休不息的自利利他的生活中，依然可以感受到无牵无挂、自由自在的乐趣。他们不需为明日担忧，不需为出路钻营，他们的生活就是他们的安身立命之处。

因此，只要正统、正信的佛法存在一天，出家之门就永远敞开，出家的路，还是有人走的。纵使不再出现几百几千人的长期共住同修的现象，出家人的踪迹还是不会断。当然，如何在未来社会开发出家生活的环境，需要用我们的智慧作深远的考虑与策划。但是，只要有人以大悲愿心发心出家，他们就会在任何艰难的情况下披荆斩棘，走出他们的康庄大道。

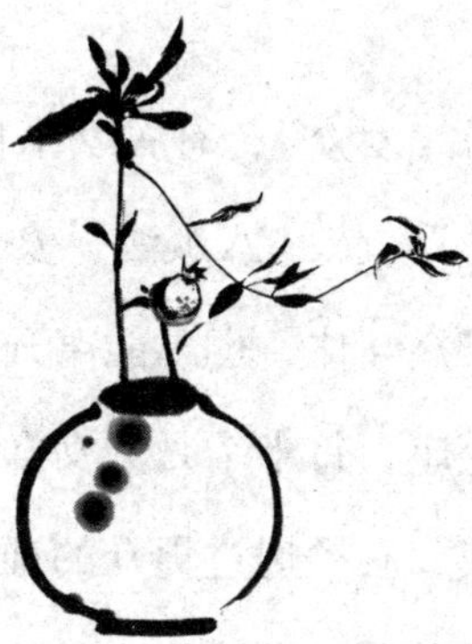

69

佛教对于女性地位的看法如何?

佛教称女性为“女众”，有关女众的地位，常被讨论的例子，是“八敬法”。依“八敬法”女众不能独立，必须仰靠男众，不能和男众共住，也不能离开男众太远而住；必须要请男众的长老上座，每半个月为女众说法教诫，女众不能直接在尼僧中受戒，必须通过男众的证明；比丘尼虽然受戒一百年，还要礼拜新受比丘戒的男众。因此，到今天为止，女众在佛教之中始终没有地位，特别在锡兰、缅甸、泰国等上座部的区域，甚至于不许女众成为比丘尼，只能够成为过出家生活而无法受出家戒的清修女。

可是今天有西方的女众加入佛教的僧团之后在大声疾呼，要求男女平等的权利。她们在东方觉得女性没有地位，回到西方的社会，出家的佛教女性，生活的困难更多，这是个奇特的现象。因为到西方传佛法的还是以男众为主流，男众并没有一定要歧视女众，可是佛教的传统，如何来突破，这是关键所在。

今天在美国，有一群佛教的女众，出版了一份季刊，叫 Kahawai，它的副题是 Journal of Women and Zen“女人与禅”，已经出到第九卷。在锡兰，也有一群女众发心，出版了一种每月通讯，名称叫作 Parappvdvwa，副题是 Nuns Island“尼众岛”，已经出到第四卷。其出刊宗旨乃在提高女性在佛教中的地位，以达到男女平等的目的。另 1987 年 2 月中旬，在印度的菩提伽耶，也召开了历史性的世界比丘尼大会。

1987 年 3 月在中国台湾地区出版的《当代》杂志第十一期，古正美博士写了《佛教与女性歧视》专论，说明佛教的女性歧视是出于上座系化地部，例如“八敬法”和“女人有五障”，都是化地部所强调的。所谓“五障”，就是女性不能成佛，不能为魔王，不能为天帝释，不能为梵王，不能为转轮圣王。此证明晚期的大众部、一切有部及初期的大乘空系，对这种观念持有异论。属于一切有部的《佛说龙施女经》，便反对女人的五种障碍说，指出《增一阿含》卷二〇十二及卷五，所叙述的女人如佛的姨母大爱道、须摩提等，不但信心十足，而且还以做女人为光荣。空系大乘的《道行般若经》，强烈反对转女身为男身而后成佛的理论。嗣后，《维摩经》《顺权方便经》《诸佛要集经》《阿阇贳王阿术达菩萨经》《大净法门经》《宝女所问经》《佛说须摩提菩萨经》及《佛说无垢贤女经》等，都有申张男女无差别论的理论。

事实上，考察佛陀时代的男女观，应该从重视于基本的平等着眼，如罗汉的果位是不分男女的，修学佛法也是男女平等的，佛说一切众生都有成佛的可能，何况是女性。所谓“佛”就是彻底的解脱者、圆满的智者和无上的济世者，男性可以做到，女性当然也不例外。不过，从女性生理和心理的考察，我们不能否认，一般女性是比一般男性来得脆弱、优柔且倚赖性重些。所以为了保护女众修道生活的安全，鼓励女众成为佛门龙象，男众应该多尽一份心力协助女众，但这并不等于高压、歧视。如对大比丘尼——佛的姨母婆阇波提（即大爱道），比丘大众谁说不敬？在经律中提到，女性是诱发比丘情欲和贪欲的根源，为了防止欲火中烧，故对比丘们说女身不净，以女身为对象而修不净观。这是在修持过程中所采取的方法及防范措施，未必表示对女性的歧视。

女性之中，也有女中丈夫、巾帼英雄，可是终究没有男性的伟人那么普遍。近代世界高唱男女平等、保障女权，但其效果并不如何显著。今天全世界 167 个国家之中，女性成为国家元首的，在数十年来，曾有以色列的梅尔夫人、印度的甘地夫人、英国的撒切尔夫人、菲律宾的艾奎诺夫人，还有，斯里兰卡也出过一位女性的总统。成为宗教领袖，且为世界知名的，出现过特里萨修女，她得到过 1979 年的诺贝尔和平奖。在工商界，据 1987 年 5 月份的《福布斯》（FORBES）杂志的统计，1987 年美国已有股票上市的八百家公司的首席执行官中，仅有三位是女性，而我们知道，世界男女人口的比例，几乎是相等的。为什么知名的杰出女性人数，较男性少了许多？问题是由于传统的女性多因照管家庭而成为幕后英雄，但女性本身有着与生俱来的弱点，亦是事实。

我们不要强调佛教男女两性的绝对平等或不平等，应该接受佛的教示。所谓“法住法位”，各有其立场的本位，各守其分，各尽其责，彼此尊重，互相协助。如果遇到男女四众（比丘、比丘尼、优婆塞、优婆夷）共同集会的场合，当视会议的性质安排席位，有代表性以及有职位上之重要性的女性，应该和男性共同列席于平等的地位。如果是普通一般的仪式场合，男众和女众应该分区而坐。

我另外还有几篇同类的文章，请参考《律制生活》所收“比丘尼与八敬法”“关于女尼的称呼”及“佛教的男女观”，《学术论考》所收“今后佛教的女众问题”。

70

佛教对神秘现象的看法如何?

神秘现象不一定是宗教才有，在不信宗教的人中也会存在，只不过他们把神秘现象当作幻觉来处理。至于一般人对于鬼神的现象，仍非常迷惑而不可知、不可捉摸，认为其无，实际是有，认为其有，难得采证。至于宗教徒，不论是什么层次，只要信之虔诚，行之得法，都会有或多或少的感应和通灵的经验发生，从佛教的立场而言，从来也不否定，可是并不重视。

如果有人有了少许的神秘感应，就以为是得了神通或以为是佛菩萨的显圣，那是不正确的。佛与菩萨有应而无相，无相而有力，那就是随机应化的感应作用。但是他们不会采用一定的模式和特定的人作为他们的使者和代表，神应无方，感而遂通，怎么可能有特定的人作为佛菩萨的代表？虽然有佛菩萨的力量通过不同的人及物而表现，此人此物亦不可自视为佛菩萨的自身。

假如有人，不论僧俗、不论佛教徒或外道徒众，自称是佛菩萨的化身，他若不是想以大妄语来博取利养、恭敬、妄自尊大的名位，就是鬼神、外魔附身、显异惑众。他们虽然也有若干百分比的灵验，但于信仰者的祸福无补，所以，正信的佛教徒不该表现这种身份，也不得信赖表现这种现象的人。

从佛教的史传所见，只有释迦世尊是佛，尚没有第二人自称是佛的例子。如果自称是佛，不论是佛的什么身，都是大妄语，要不便是鬼神附身的现象。表面看，他们是行道救人，事实上是惑乱人心，鼓励社会大众不从事实际的努力，只求幸致的福佑。

至于菩萨也是一样，历史上的菩萨，在佛的时候，只有弥勒，说他是在五十六亿七千万年之后，在此世界第二位成佛。其他如观音、文殊、普贤、地藏等并非历史人物，而是由佛介绍而知的大菩萨。另外如马鸣、龙树、无著、世亲等印度的大乘论师，也是后人依据他们的大乘言行，尊敬他们为菩萨。又如中国的天台智者大师，被后人称为东土小释迦，但他自称尚是信位的凡夫；永明延寿禅师，被称是阿弥陀佛化身，那也不是他个人的自述；九华山的地藏，是新罗的王子出家，法名为地藏，后人认为他是地藏菩萨的化身，亦非他自称是地藏菩萨。所以，正信的三宝弟子应该看所有的众生都是未来的佛菩萨，也都是佛菩萨的化现，但他们是凡夫的身份。

如果这些自称是佛菩萨化现的人，能说出你的过去，指示你的未来，甚至于知道你和你的关系人的历史背景，并预言你们未来的发展，也不应为其所惑。鬼神都有这种力量，如果你自己努力持咒、修定，也会达到这种目的，但那也不是神通，而是咒力、鬼神的感应或是差遣鬼神所得的结果，最多是定力的现象。因此，这种人谈未来未必正确，说过去也不会比你自己知道的更为清楚，对过去世那就更渺茫了，准确性到什么程度，连他们自己也不知道。因为凡事不能违背因果，一定要发生的事，鬼神帮不了忙，预知于事无补，只有善恶勤惰的因缘可以改变。若非大善大恶，不能改变定业、定果，只要尽心尽力，为善去恶，行佛所行，言佛所言，学菩萨所学，未来的命运就操之在己。

在一千个人之中，大概有数人，由于过去世的修行力和由于他们是来自有福德的神道，所以有与生俱来的预知力及回忆力，知未来、知过去，在儿童时代特别显著。成年之后，如果生活繁忙和不加理会，这种异能就会渐渐退失；如果蓄意培养和顺其自然，也会成为感通鬼神的媒体，而被称为灵媒或巫者。

现代人由于知识的普遍，教育水平的提高，具有神秘能力的人，现在多半能够运用逻辑和似是而非的科学观点，来说明他们的原理。运用佛学知识、佛教名相，向大众诉说他们神秘力量的实质，而且以神鬼的启示所得的所谓修行方法，称为密法、大法、无上法，用以教导他人修行，也能获得神秘的感应，的确也产生若干的效用。

不过有个共通的后遗症。所谓请鬼容易送鬼难，一旦使用类似的方法且产生反应之后，就必须受神鬼力量的控制，失去自己的自由意志。轻者从表面看还如常人，重者就会变得精神不稳，心态不正，从言语、谈吐和眼神都能表现出异于常人的情态。如果希望脱离控制，往往心不由己、身不由己。如果意志力强，发觉已经误入歧途而想抽身，也会经历一番精神和肉体的煎熬，往往延续到一年、两年才能恢复正常。所以要那些相当深入而沉醉于神秘经验的人脱离歧途，回向正信的佛教，不是不可能，却是相当不容易，这是非常不幸的。

有人虽不自称是某佛菩萨的再来，却宣称直接传承于某佛菩萨的教导和印证，这有三种可能：第一种是修行禅定，在定中显现神秘境界；第二种是在梦中显现的梦境；第三种是在清醒状态听到或见到的降神现象。

如果是在定中，一定不是深定，深定非有心、非无心、非有境界、非无境界，不会有佛菩萨出现的情境，这种定境，应属于类似做梦的状态。人在睡熟而将醒未醒之际会做梦，将要入睡之前也会做梦，但两种梦的性质不一样，前者比较清醒、清楚，后者比较混乱。同样地，定中所见境界则是在散乱心未除、统一心未现，但已经失去现前境界的觉受之时，内心的妄念所造成的一种反射作用。所以，定中所现和梦中所现的佛菩萨，往往并不是来自心外。

另一种类似灵媒所见的降灵现象，是神鬼幻现为佛菩萨形相或者自称是佛菩萨的声音，以光影和音感的幻境当作佛菩萨的示现，如果不具佛法的正知正见，极容易受到这些鬼神的愚弄，而成为鬼神表现灵力的工具。虽然佛经中也说，佛法可由鬼神、天仙等说，如果不与三法印相应，那就不是佛法而是外道。一般的鬼神，假借佛菩萨的名号，所说的种种，虽然也用若干佛学的名词，他们的层次仍不能脱离欲界鬼神的范围。所以，是否属于佛法，应该用三法印——诸行无常、诸法无我、涅槃寂静来印证，这是除烦恼、去执着的方法。

《楞严经》《摩诃止观》等都曾详细地讲到什么是魔境而非正境。这就是为什么禅宗重视传承的原因了，从达摩祖师开始，代代以心传心，而戒律也强调戒体的师师相承；虽然后代有无师而自证，但至少应该与经教相应，与正统的佛法不相违背。有明师求师证，不遇明师则当求经证。否则，纵然自称是佛的弟子或自己认为是佛教的一支，本质上，还是附佛法的外道。

所谓鬼神，如果他们传播的是正信的佛法，那就是护法神，也可以说是佛菩萨的化现。所以，是否合乎正统的佛法，不在于用鬼神的名字或佛菩萨的名字来说法，而是在于他的知见是否正确，也就是不因人废言，也不因名而不辨邪正。

71

可用物理现象来解释神秘的经验吗?

所谓“物理现象”是指物理学上所用的磁场、磁力、电波、电感、光影、光速、热能、气能、气化等现象和动力。所谓“神秘的经验”,一般是指灵力的感应、感受,正确的途径是指通过修行的方法,使得心力、体力以及官能等发生超常的作用,也可以指修行人与诸佛菩萨、诸天鬼神之间的感应作用。

从大体上来说,这种超常作用或超自然的力量,是可以用物理学的观点相互对照来说明的。所以,我也说过神通力的开发,就原则而言,纵然是唯物论者,只要修持得法,也有修成的可能。

集中心力至某种程度时,便有转变物象的可能,那即是通过磁波和电波的导向作用,产生一种操纵力量。因为整个宇宙就是一个大磁场,任何局部的或个别的物体的存在,都不能脱离整体的系统，在这大环境中，它的方向原是不能够改变的，可只要加上不同的因素，便会发生小小的改变。局部的变化，如果持续不断，慢慢地也可能形成整体方向的改变。

修行者由于个人心力的调整，能够使得在其心力所及范围之内的磁波和电波受到影响，因而改变原来的关系位置，便可能产生他们心中所想象、要求的现象。心力越强的人，影响的范围越广，持续的时间越长，产生变化的功能越多，这就是神足通的力量。但还无人能够以其个人的心力，改变人类的命运和宇宙的自然规律。

至于天眼通和宿命通，就和光、气有关。所谓宿命通，是能知过去。如果能够使得自己离开地球越远，所见地球发生的事物现象，其时光也倒退越久，这是通过光速来看地球。在距离地球三千光年之外的地方，现在看到的就是三千光年以前地球所发生的一切故事。当然，拥有宿命通的人，不用肉眼，而是用心灵力或感应力，他们的敏感度非常人的推理想象所能及。所以，不必真要退到远距离的地方来看历史。

由于光、影错综复杂、变化多端，神通力差的人，不仅看不到非常久远的事，即使最近的事，也不会看得清晰，只能见其大端，而且影像模糊。唯有诸佛及诸大菩萨，神力无限，方能观照久远且一目了然。又所谓气，是物质现象所产生的动力，气是无色、无臭，但有实质的能量，只要曾经发生过的现象，即有轨迹可循，更可以倒退追踪，所以，宿命通不一定是通过光速距离，此仅借光速和光年的距离来说明时间例流的原理。

天眼通知未来，也是由于各人所造业力的含蓄所成的种子形态。其种因越强，产生结果的可能越大，前瞻的可能性也越远。这等于从一粒种子看到一棵大树，从一个原子预见其产生原子能的结果一样。

但是佛法不离因缘的理论，因缘的变化决定于全体环境的每一个单元，只要任一单元发生变化，未来的整体发展就会跟预期的结果不同。所以，佛虽见众生未来都能成佛，却不能为每一众生授记。如果尚未亲见法性，乃至信心尚未成就，佛也无法为他预作成佛的记。所谓记就是预告某一众生，在经过多少时间，供养、亲近多少尊佛之后，一定成佛。譬如释迦世尊，在未见燃灯佛之前，未曾受到任何佛的授记，长期修行到了燃灯佛的时代，他才被预告成佛的时间。凡夫沉沦生死苦海，头出头没，如处长夜，无有尽期，佛虽有天眼明却无法为他们授记。如果未入忍位，心向未定，每个人的因缘际遇，佛也无法掌握。

因此，虽可以物理现象说明若干神秘效果，但也不可迷信科学万能。因为科学所知的范围，永远是有限的，佛法的修行及其所产生的功能是无限的。佛的福德无限，智慧无限，若试着用人类现前仅有的科学知识、所见的物理现象来说明、推测佛菩萨的智慧力和神通力，那就等于以蠡测海、以管窥天。然而我们不妨以科学的所知，来方便达成说明大修行者的神秘现象。不过，这是只为了没有内证经验和神秘经验的人做些粗浅的解释，却不可认为科学就真的能够达成说明的目的，否则，就是本末倒置。

今有若干小有神异经验的人士，以科学名词以及尖端科学的理论和发现，来解释佛经的名词，探讨佛的所见所证。如果说这是一时的方便运用，当然可以，如果说那就是佛菩萨的境界，则期期以为不可。

解释佛学，最正确、最安全的，还是以经解经，以佛法解释佛法，否则，不是牵强附会，便是杜撰臆说。有人以他们的第六感所见，假借科学名词来说明佛学上的神异现象，当然也不正确。所谓：“唯佛与佛，乃能知之。”诸佛以及诸大菩萨的经验世界，非凡夫所能捉摸，又岂能以小小的神异经验所见和对区区物理现象的所知，就能来说明诸佛菩萨高妙的神通境界。

72

应该用科学观点解释佛法吗?

所谓科学，不外是用分析、归纳、推理的方式来观察、解释自然的现象，从理论而言，是属于逻辑的范围；从实用而言，是有系统的组织。能够言之成理，属于逻辑的科学，能有实际的功用，则是经验的科学。

不过，逻辑的理论科学不一定能够发展成为实用科学，虽然它是实用科学的基础，却必须通过实验而证明其可用、可行，才能真正有益于人。因此，科学的昌明，日新月异，经常以新的理念否定旧的观点，以新的实验攻击旧的成果，可见其并非最高、最后的真理。

而且，科学中所能够讨论的已知和将知的范围非常有限，使得即使是最有成就的物理学家也不得不诉求于不可知的上帝或神的启示，为最高的科学原理，这正是学者们所见的——科学之母是哲学，哲学之母是宗教，宗教才是宇宙的根源、人生的大本。用哲学讨论宗教，已有所不及，何况用科学来探究宗教的奥秘。正如梁启超先生所说，佛教非宗教、非哲学、非科学。我们也可以说，佛教涵盖宗教、哲学和科学，但它不即是宗教、哲学与科学，它不反对宗教、哲学与科学，却非宗教、哲学与科学范围所能穷其实际。

今天有人主张在科学文明的时代，应该以科学的角度来介绍佛法，这当然是好事，以科学的知识说明佛法的理论，使得已经信赖科学的人来接受佛法，这无可厚非。不过科学属于自然知识的范围，它只能说明自然现象的千万亿分之一。例如不要说太阳系以外的宇宙群体尚属不可知的境界，即太阳系内的九大行星，人类对其所知还是有限。

另外从医学观点来探讨人类身心现象，迄目前为止，西医所及的范围在中医看来仅仅是解剖物质的死体，而中医也不过探索到人体的气脉——所谓活的肉体现象而已。至于精神病的治疗还停留在一筹莫展的阶段，对于精神病的患者，除了使用麻醉、镇静的药剂以及禁闭、拘留等方式来控制、约束肉体的行动之外，别无办法。所谓心理治疗，只能使用经验的分析和推理来给予疏导，但无法深入精神的层面——所谓精神是在物质之内、物质之上的无形而有力的活动。如果使用神鬼咒符等术数来治疗精神病，有其疗效，但其已非科学的范围所及，而被指为迷信的现象。

佛法的化世救人，自始便以心为主，心即是精神，可用烦恼、智慧两个名词来说明。烦恼增加则精神混乱，智慧增加则精神清明。若在精神混乱的状态，任你用任何宗教、哲学、科学的手段来处理，都无法解决其问题于永久，但若能得智慧显现，则一切问题，不论是属于物质范围或精神范围，都将迎刃而解。所以，佛在世时，对于物质世界的自然现象不多作解释。例如：世界有边无边、世界有始无始等这些问题，在佛看来都与解脱烦恼无关，重要的是如何运用修行的方法来消解烦恼、启发智慧。此所谓智慧，不是认识的分别心，而是无执着的自在心，既然心得自在，尚有什么精神或物质的局限呢？

在印度时代的佛教，是以精神的心涵盖物质的自然，讲心就已统摄了物质的自然现象。所谓“万法唯识，三界唯心”，烦恼的心称为识，清净的心称为智，凡是对于任何现象的拘执，都属于烦恼的层次。佛法不重视诸法现象的探究，而是着重于如何转识成智，否则容易本末倒置，执着幻化的现象以为实体。心体无形、无相，亦不离形相，科学仅及于现象，现象多变而恒变，所以科学永远不会成为最后的证明，顶多是在头痛医头、脚痛医脚的情况下向前努力。

正如老子所说：“生也有涯，知也无涯，以有涯逐无涯，殆矣！”道家是自然主义者，是属于物质的真正的了解者，而佛法认为了解自然也是多余的事，若得心明，自然就在其中，仅仅了解自然而融于自然，也不等于自我中心的执着获得解脱。科学仅及于物质世界的分析和探究，当然无法说明或表达佛法的真谛，但作为方便的教化，科学的态度当然需要。所以，我们开始就说，佛法涵盖了科学，而不受科学所限制。

73

佛教的生命观是合乎科学的吗?

佛教一向认为，人的投胎、入胎，根据《圆觉经》说：“一切众生，皆因淫欲而正性命。”也就是说，众生之有生死，就是因为有男女的欲念与欲事，淫根不断，无法出离生死。在投胎之时，多半是由于对于父母的房事产生颠倒爱着，对父亲产生兴趣，入胎即为女婴，对母亲产生贪染，入胎即为男婴。所以，在出生之后，女儿对父亲的依赖，儿子对母亲的依恋，成为一般共同的心理现象。

可是，现在由于人工授精，发明试管婴儿，投胎和父母的性行为，没有连带关系。其乃从母体摘取成熟的卵子，从男体取得精液，在试管中受精，成为胚胎之后，再安于母体的子宫，这与佛教的说法，不相一致，又从何解释呢?

关于投生、入胎的说法有两种，一种是在父母的好合之时入胎，见淫欲相或见宫殿相、光明相，而忽然入胎；另一种是由于跟父母还报因缘，不论或恩或怨，由业力自然促成，所以不能说全是出于见到父母的好合相而入胎。然而，依据两性相吸的原理，精卵本身便带有性别，若不离淫欲性，便可能在因缘成熟的任何情况下入胎投生。基于这个道理，现在的试管婴儿的问题，对于佛教来讲，即可迎刃而解。

74

佛教的世界观是合乎现代科学的吗?

从较为原始的佛教圣典阿含部起，即有相同的记载，例如《长阿含》的《大楼炭经》第一品、《起世经》第一品、《起世因本经》第一品，都讲到我们的世界是以须弥山为中心。须弥山的四个方向有四大洲，南方称为“南赡部洲”或称“南阎浮提”，就是我们所住的世界。

须弥山高八万四千由旬，山腰各有四个宫殿，称为“四天王天”；在山顶有三十三个宫殿，称为“忉利天”。可是依据现在的地理学和天文学的观点，我们无法找到须弥山，也不知道另外的三个洲在哪里。

如果说须弥山的神话，是起源于印度北方的喜马拉雅山，是比较妥当的；而且此一传说，在释迦牟尼佛时代以前，就已经在印度流传，佛教的经典只是叙述古老的传说，不必过于重视。

何况佛教的教义，是在解决人间生活的实际问题，不在用科学态度说明世界观。

如果一定要追究世界的形状、形态，我在《正信的佛教》之“大千世界怎么讲?”一题中已有所说明，不妨参考。

75

佛说的“圣言量”经得起考验吗？

佛法的理论根据，以三种标准作为说服人的方便，那就是：1. 现量——用事实证明；2. 比量——用逻辑推论；3. 圣言量——佛在经中所说。第一、第二两点尚不成为问题，第三点在今天已成了引起争论的焦点。因为近代佛教学者用历史的方法论，用考古学、语言学、进化论的角度，来研究佛教的圣典，发现佛陀释迦世尊的当时，并没有留下成文的经典，最早的经典传诵，也不是成文的书籍，是凭以口传口，代代相传。

由于流传的地域越广，时间越久，经典的内容越多，便见其不同的分歧观点，这就是形成部派佛教的原因，之后，又渐渐地出现了大乘经典。不论是小乘、大乘的各种经典，均须由佛教徒中的大修行者所传，而每一个派系都认为他们所传的才是真正代表佛说，这便形成了所谓“部执”或

“部计”的思想。站在他们任何一个立场，多以为他们的所执、所计，是不可违背的圣言量。可是到了今天的学者，能把现存各派、各系，每一个时代所有的圣典拿来排比、分析，所得到的结论，就能指出相互的出入、彼此的矛盾、前后的增减。但如果要他们把全部圣典均视为佛说而不相违背，那是办不到的。而如果对这些圣典全部予以否定或采取怀疑的态度，便无法使人获得无尽的利益，也就产生不了佛法化世的功效。如何折中、取舍，便是我们必须要做的工作。

其实，这样的问题，非于今始。在印度，就已产生了教判思想和判教的办法，例如《法华经》等经，判一切经教为大小二乘，《楞伽经》分顿渐二门，《华严经》举日出、日中、日没三照，《涅槃经》分作乳、酪、生酥、熟酥、醍醐的五味。到了中国，则有罗什三藏的一音教，罗什的弟子道生则分为善净、方便、真实、无余之四种法轮。后来的天台、华严、唯识等各宗，也均各依经教而有教相判释的施设，其目的就是为了解决这个问题。

佛陀说法的对象有不同的程度，人有不同的根性，所以接受不同程度及不同修行方法的佛法。但是，古人的时代已经过去了，他们所做的教相判释的工作，渐渐地已不能适应现代人的需求和观点。以现代人能够接受的观点来看，佛说的“圣言量”应该贴切到佛法的根本教义——三法印和四依为基准。

所谓“三法印”是指：诸行无常、诸法无我、涅槃寂静。从因缘法看，是无我的，是空的；从因果法看，是无常的，是苦的。无常与苦是世间法，无我寂静是出世间的解脱法。“四依”是指：依法不依人、依智不依识、依义不依语、依了义不依不了义。从三法印的原则看一切经教，就可以过滤而见到什么是纯佛法；用四依来衡量一切的经典，也可极其容易的发现，何者是佛法、是我们可以依据和信赖的佛法。以此标准，即可明辨哪一些是佛的根本教义，哪一些是随顺世俗要求而说的方便教义。